# サブプライム金融危機と国家市場経済

坂本　正
詹　向阳

蒼天社出版

# はしがき

現在、資本主義経済はサブプライム金融危機の猛威の後も、新たな金融恐慌下にある。その中で、世界経済の今後の動向を占う鍵を握っているのが中国である。社会主義的市場経済を掲げる中国は、市場経済の競争メカニズムを駆使して脅威的な発展をとげ、混迷する世界経済の中にあって経済発展の一翼を担う役割を占めている。なぜこのような深刻な金融危機がおきたのか。その中で中国はなぜそれ程の影響を受けることなく発展を続けてきたのか。そして、日本は、なぜ今なお迷走状態にあるのか。

本書は、このような危機に立つ市場経済の課題に取り組んだ中国と日本の共同研究を、サブプライム金融危機を中心にまとめたものである。本書の最大の特徴は、中国側の考察が今や世界最大規模の商業銀行といってよい中国工商銀行のシンクタンクである都市金融研究所の詹向阳所長を中心に行われていることである。これは日本で初めて公表される中国発のサブプライム金融危機分析である。

中国は社会主義的市場経済への移行の中で銀行は深刻な不良債権問題に直面することになり、事情と背景は異なるとはいえ、日本の銀行と共通の課題を抱えることになった。特に不良債権の処理問題と銀行の経営危機は基軸的な共通テーマであった。それに加えて中国では経済成長に伴うバブルへの懸念があった。バブルをいかに阻止するかが今ひとつの重要テーマであった。サブプライム金融危機は、こうした課題に取り組みつつ中国が更に銀行制度の近代化に向けてこれまでの大手銀行にリスクが集中していたシステムから、リスクの分散化を求めて証券化を展開しようとしている際に起きた問題である。それだけにサブプライム問題は緊急の分析課題となった。

サブプライム問題を取りあげたのは二〇〇七年一〇月、熊本学園大学での国際シンポジウムにおいてであった。まだ金融危機の前段階であったが、坂本は証券化市場でのリスクの分散が今後、逆にリスクの連鎖となって逆流し、金融機関ヘリスクが集中することで経営危機がおこる懸念を指摘している。二〇一〇年の五月（上海）と七月（熊本学園大学）の国際シンポジウムで、バブルの未然防止をテーマに議論を深める中で、坂本は金融恐慌からの市場再生の現状が、国家＝政府の支援による国家市場経済にあることを提起し問題意識を共有化してきた。と同時に課題はこのような市場破壊につながるバブルの崩壊をいかに未然に防止するかである。坂本は中央銀行が金融政策として資産価格騰貴をピンポイントで抑制する必要性を主張してきたが、都市金融研究所は日本のバブルに至るプロセスの精密な分析から人民銀行が資産騰貴をいかに防止するかを具体的な役割として提起している。本巻はこのような研究背景からサブプライム金融危機を特に初期の生成段階から取りあげている。都市金融研究所は幅広く詳細な現状分析を行っていて、中国からみたサブプライム金融危機の問題点を考察している。これはサブプライム金融恐慌が引きおこした資本主義経済による国家市場経済への移行と社会主義的市場経済が並存する現状が今後どのように展開するのかを展望する意味でも、興味深い内容となっている。

目　次

# 略語表

ABS：Asset Backed Security：資産担保証券
AIG：American International Group, Inc
ARM：Adjustable Rate Mortgage：変動金利モーゲージ
CDO：Collateralized Bond Obligation：債務担保証券
CPI：Consumer Price Index：消費者物価指数
CRA：Community Reinvestment Act：地域再投資法
FDI: Foreign Direct Investment：海外直接投資
Fed：Federal Reserve System：連邦準備制度
FHLMC：Federal Home Loan Mortgage Corporation：フレディマック
FNMA：Federal National Mortgage Association：ファニーメイ
FHA：Federal Housing Administration：連邦住宅局
FRB：Federal Reserve Board：連邦準備制度理事会
G7：Group of Seven：先進七カ国財務省・中央銀行総裁会議
GSE（s）：Government Sponsored Enterprise：政府支援企業（体）
HEL：Home Equity Loan：ホーム・エクイティ・ローン
HOEPA：Home Ownership and Equity Protection Act：住宅所有および資産保護法
HUD：The Federal Housing Administration：連邦住宅局
IO：Interest-Only：インタレスト・オンリー
；Interest Only Loan：利子払いのみ融資
OFHEO：Office of Federal Housing Enterprise Oversight：連邦住宅公社監督局
RFC：Reconstruction Finance Corporation：復興金融公社
PMI：Purchasing Managers' Index：購買担当者指数
RMBS：Residential Mortgage-Backed Security：住宅ローン担保証券
RTC：Resolution Trust Corporation：整理信託公社
S & L：Savings and Association：アメリカの貯蓄貸付組合
SIV：Structured Investment Vehicle：ストラクチャード・インベストメント・ビークル：仕組み投資会社

# 序　章　サブプライム金融恐慌と国家市場経済

## サブプライム金融恐慌と国家市場経済

サブプライム金融危機は、二〇〇七年半ばから世界規模での証券化市場の崩壊を引き起こし、世界的な金融恐慌の様相をみせる中で新たな市場経済段階へと突入することになった。アメリカ、ヨーロッパの主要諸国において市場機能が不全化し、金融機関の経営危機が深刻になる中で各国の政府は金融機関の救済と市場再生に向けて大規模な公的資金の投入を行なった。ここで重要なことは、これによって市場に対する国家＝政府の役割がこれまでとは決定的に変わったことである。

これは、市場機能の不全化と金融機関の経営危機の深化に対する国家＝政府による本格的な市場介入である。これが市場経済の再生に向けて一九三〇年代の経済・金融恐慌以降の、本格的な国家＝政府の新たな役割となった。金融恐慌下で国家＝政府主導のもと市場経済の再生を図る経済体制を、国家市場経済と位置づけておこう。

では、なぜサブプライム金融危機は一九三〇年代以降で初といってよい国家市場経済を生み出すことになったのか。また、現在の金融恐慌においてこの国家市場経済はどのような意味をもつものなのであろうか。それは、一九三〇年代の経済・金融恐慌とは異質とはいえ、サブプライム金融危機が金融面において、一九三〇年代と同じようにあるいはそれ以上に、市場と金融機関を直撃し、市場経済の機能そのものを破綻させるに至ったからである。

資本主義経済は、一九三〇年代以降も市場危機といってよい経済不況や金融危機を経験してきた。

しかしいずれもサブプライム金融危機のような深刻な市場危機ではなかった。市場経済は再生し、次の展開を遂げてきた。とはいえ、市場が自律的に再生をしてきたわけではない。経済・財政政策や金融政策を含め、市場再生に向けて政府や金融当局が支援を行なってきた。しかし、このような市場再生への政府や金融当局の支援は過少評価されてきた。市場経済機能を過大に評価する論者は市場の自律性を強調し、政府や金融当局の支援を市場再生の介添え役に過ぎない補助的役割とみなしてきた。

サブプライム金融危機の深刻さは、そのような市場の自律性への信奉を根底から覆すものとなった。それは資本主義経済において、金融危機が市場破綻を引き起こすと、市場は国家＝政府の直接的な介入なしには再生できないということである。国家＝政府は市場の再生と維持のために、市場破綻の事後的調整コストとして公的資金をも投入せざるをえない。これこそが、金融恐慌下における国家＝政府の役割であり、国家市場経済は市場再生に向けての一時的とはいえ、不可避な市場経済の形態なのである。しかも今やこの国家市場経済は世界的規模で展開されているので、現在の市場経済は二一世紀型の国家市場経済段階にあるといってよいであろう。この二一世紀型の国家市場経済は金融恐慌につながる次のような市場問題点を明らかにしている。

まず、現代の金融に関わる市場がいかに精緻に構築され高度な発展形態をとっていても破綻に至る不安定性を内包しているということである。そして市場がもつ評価メカニズムは、市場での危機要因に対して限定的であり、市場危機の判断を市場の評価のみに委ねることはできないという点である。しかも、市場参加者、金融当局者は市場危機の唯一のシグナルといってよい資産価格の持続的な上昇と騰貴を重大視することなく、市場での矛盾の累積や不安定性の拡大の結果、深刻な破綻が生じうるということを想定していなかった。局面ごとに現れる均衡のみに着目し、これを市場の評価として、市場破綻を想定外としてきたことに重大な問題があったのである。その内容をみてみよう。

サブプライム金融危機では、セキュリタイゼーションとグローバリゼーションを軸に展開された金融革新の破綻の結果、深刻な金融恐慌が引き起こされた。金融革新の基調は、規制緩和による金融機関相互の競争促進と金融機関の異業種間の合併による金融の総合サービス産業の育成であった。これらは金融の効率的な発展の帰結であり、このことが消費者のニーズに対しても多面的で広範な金融サービスを提供できると評価されてきた。とはいえアメリカでは金融革新の対極に金融革新からは排除された消費者保護問題があり、低所得者の住宅向貸付問題であるサブプライム問題は、この消費者保護の系譜上に位置する課題であった。本来、住宅金融市場においても極めて小規模で地域的にも孤立していたサブプライム市場を、住宅金融市場の部分市場へと包摂したのが証券化市場の展開であった。これもまた金融革新の新たな成果であった。

アメリカにおいて証券化を軸に多面的、重層的に展開される金融革新を推進することが金融政策の基本であり、金融行政の主眼もここに据えられてきた。中でも証券化市場の展開はそれまでのセグメントされていた市場を連携すると同時に、高度で精緻な証券化商品を創出し、グローバルな市場へと重層的な市場を展開する一方で、低所得者層の住宅金融という、消費者金融市場をも包括するというかつてない多層的な市場形成を構築してきた。証券化市場という近代的な市場形成を通じてこれまで以上に市場機能の有用性と卓越性が強調されるようになった。ここで重視されるのは市場の自律性であり、市場の評価である。この市場の自律性の重視が理論化され、証券化市場の拡大がその裏付けのようにみえると疑いをもつことなく、最終的には市場機能を信頼するという、市場の自律性への根拠のない信奉が生まれる。この時点で、高度に複雑化する一方で、多様化する証券化市場の不安定化要因が看過されやすい市場環境が生み出されることになったといえよう。証券化市場が高度で複雑に組みあわされた金融商品を取引する市場として発展すればするほど、実態が把握されにくいグレーゾーン化した市場になりやすい。例えば一定のリスク回避を目的に開発された金融商品が運用次第では制度設計の想定範囲を越えたリスク回避商品として証券化市場そのものへの保証システムに組み入れられると、金融商品の性格は大きく変質されるが、その実態は運用する金融機関しか分からない。確かに証券化市場での不安定化要因が個々に問題とされ調査や検討がなされるのだが、金融商品の開発スピードが早く、ヘッジファンド、格付機関、保険会社など、市場参加者の役割が専門的に入り組んでいるため、せいぜい個々の問題点の指摘に終わってしまう。その問題点の積みあげだけでは、市場破綻に結びつくような市場危機要因とはなりにくい。それよりも、証券化市場発展に果す役割の方が重視されてしまう。市場危機は想定外とされるのである。

問題は、サブプライム金融が引き起こした金融恐慌と国家市場経済に至る事態の深刻さを、市場参加者と金融当局者が想定外としたことである。証券化市場の金融工学を駆使した精緻に構築された市場では、リスクに応じたデフォルトも計算済みで、市場参加者は市場の実情に精通したプロ中のプロであったから、市場危機が起こることはありえないと考えられていたからである。

しかし、その想定外のことは現実に起こった。しかもかつてない程深刻な世界的な規模で、である。その衝撃の大きさから、サブプライム金融危機は百年に一度の金融危機とも評された。しかし、誰もが予測できない規模の自然の大災害に見舞われた訳ではない。これはこれまで積極的に進めてきた金融革新と自らがつくり出してきた市場の展開が招いた危機の帰結なのである。にもかかわらず、ことさらに百年に一度といった類の想定外を強調する表現がされるのはなぜか。ここにすでに事の重大性を前にした予防的な責任回避の姿勢が見え隠れする。いうまでもないことだが、想定外を強調することですべてが消え去るわけではない。衝撃が大きければ大きい程、市場での事後処理の衝撃もまた大きくなるということである。その事後的な処理の負担の大きさが、責任の重みということなのである。

とはいえ、この種の表現で明確になったことは、資本主義経済において克服したはずであると思っていた市場危機が、確かに再来したということであり、この深刻な市場危機は紛れもなく金融大恐慌だということなのである。

現在の国家市場経済への移行は、これまで理論上、あるいは政策的にも想定外とされた金融恐慌という現実をどう受けとめ、どう向きあうかが真摯に問われることになったのである。問われているのは、市場破綻やまして金融恐慌などは起こるはずがないと想定していた市場や金融当局の社会的責任である。市場参加者や金融当局は市場でおこりうる危機要因の分析や対処を十分に検討することなく、市場の事後的な調整作用を最大に尊重してきた。市場の効率性を重視し、市場危機を想定から排除した点で想定そのものが狭く甘すぎたのである。

市場の効率性からずれる市場での部分的な撹乱は、市場危機の萌芽であるかもしれないが、それを市場内部で自動的にチェックできるわけではない。そのために市場を監視する金融当局の役割がある。しかし、その場合も、市場危機を警戒する緊張感や市場危機後の調整コストとの比較考量という判断基準がなければ、市場で参加者の行き過ぎや加熱気味のシグナルがあっても、市場での今後の発展の利益の方を優先し、対処は先送りになってしまう。こうして、市場危機が顕在化するまでは、市場の撹乱や行き過ぎは市場内部での事後的調整で十分に是正されると錯覚されてきたのである。

さらにサブプライム金融危機を想定外といえない大きな理由が二つある。ひとつは、サブプライム金融危機の主たる要因は住宅ブームとその破綻であったという点である。もうひとつはその発展過程ですでに指摘されていたサブプライム市場の問題点である。住宅市場のブームという資産価格の騰貴は明らかに市場危機の危険な兆候である。サブプライム市場で返済困難な借り手に過剰な信用供与が行なわれることは、返済不能という消費者信用破綻の危険な兆候である。そしてこの古典的とでもいうべき二つの市場危機要因を連携したのが、現代の新たな市場要因としての証券化システムの発展であり、証券化市場の破綻は、この市場危機の連鎖において激烈に引き起こされることになった。

いうまでもなく、この資産価格の騰貴とサブプライム貸付の二つの問題点はこれまでの経験から十分に市場危機を想定しうるものであった。これらの市場危機要因は、結果的には放任されることになったが、これらをなぜ一定範囲内に制御する努力がなされなかったのか。ここに市場の社会的責任がある。しかしこの市場の社会的責任は果たされなかった。そしてこの放棄された市場の社会的責任が国家へと転嫁される形で国家市場経済が形成されることになったのである。

この国家市場経済について、最後に指摘しておくべきことは、これが一九三〇年代のニューディール期の市場再生プログラムの再来だという点である。ルーズベルト大統領が行なったニューディール政策の最初の課題は、まずは全国規模での銀行の閉鎖（銀行の休日）であり、次に公的資金の投入による銀行制度と市場の再生であった。金融恐慌からの市場の再生が何よりも重要な課題であり、国家市場経済は実に強力に推し進められたのである。しかし、このことは歴史的事実として知られてはいても、資本主義再生の要としての市場再生に果した国家＝政府の役割という観点からは理解されてこなかった。肝心の金融・信用の研究領域では十分な理論的意義を与えられてこなかった。例えば金融・経済恐慌から脱却して資本主義が新たに管理通貨制度へと展開するという理論的な脈絡の中で、この国家市場経済による市場再生の観点が完全に欠落してきた。いわば金融システム不在の資本主義再生論といってよい。つまり、政府による財政支出のみが資本主義再生の起動力として評価されてきたのである。こうした理論的な認識の欠如が、金融革新が引き起こした市場破綻と金融恐慌、そして市場再生のための国家市場経済への移行という資本主義発展過程での市場経済の限界と再生という歴史的系譜の理論的な重要性及び市場経済のシステム維持のための国家＝政府の役割の意義を看過させることになった。そのため、現在の国家市場経済移行の意義はまだ十分に把握されていないようにみえる。したがって、現在の国家市場経済を理解する上でも、ニューディール期の市場再生プログラムのこのような歴史的な意義の再検討が今後、重要な課題となるであろう。

国家市場経済への移行は先に述べたように、一九三三年のルーズベルト大統領によるニューディール政策によって、全国規模の銀行閉鎖（銀行の休日）から始まる銀行再建の過程で遂行された。そこで、銀行への公的資金投入の中心的な役割を果したのは、すでに一九三二年にフーバー大統領によって恐慌対策として設立されていた復興金融公社（Reconstruction Finance Corporation――ＲＦＣ）の活用であった。共和党のフーバー大統領から民主党のルーズベルト大統領への政権移行と政策の大転換は、金融恐慌対策としても劇的な変化を示すものである。しかし、この移行過程は国家市場経済への移行過程でもある。そこには、国家＝政府が金融恐慌対策として取らねばならなかった政策手段の一定の継承性がある。これは現在のアメリカの国家市場経済への移行についても共通するものである。ブッシュ大統領からオバマ大統領への政権移行と政策の転換も国家市場経済への移行を明確に示すものであった。

### 国家市場経済への移行

アメリカにおいて、二〇〇八年から現在に至る国家＝政府の金融危機対策の展開は、まさにこのような国家市場経済に向けた市場再生への段階的な移行過程であり、国家市場経済のもとでの金融再生政策の展開なのである。

サブプライム金融危機は、証券化市場の危機が顕在化した二〇〇七年八月のパリバショックから二〇〇八年九月のリーマン・ショックまでが金融危機深化の前段の時期区分である。リーマン・ショックは世界規模での本格的な金融危機の引き金となり、これ以降はリーマン・ショックから一年、そして二年という区切りで整理されている。

リーマン・ショックは金融・証券化市場に与えた衝撃の大きさからそう呼ばれるが、それは市場の予想に反してアメリカ政府が、破綻スキーム不在のまま巨大金融機関の破綻を容認したという強い衝撃である。これは政府が市場原理に従って、「大き過ぎてつぶせない」（Too Big To Fail）政策を放棄した決断として一部評価されたが、それはそれまでのアメリカ政府による国家市場経済への移行過程を、この瞬間に一時的に放棄したことをも意味した。そのため、金融危機対策としての市場再生への基本指針が不明確となり、市場が混乱することになったのである。

しかし、その後の世界的な金融危機の進展は、世界規模での国家市場経済への段階へと国家＝政府の役割を大きく変化させることになった。この世界規模での厳しい市場環境と市場変貌の中で、アメリカも国家市場経済への仕組みを整備していくのである。

以上からアメリカの金融危機対策の展開を次のように整理しておくことにしたい。

①二〇〇七年末までのブッシュ政権下での借り手保護＝救済政策
②ブッシュ政権下で展開された国家市場経済に向けた金融危機対策
③国家市場経済下でのオバマ政権による国家市場経済の展開と包括的な金融規制政策、言い替えればオバマ型ニューディール金融規制強化策である。

## 国家市場経済への道

二〇〇八年は初頭から経済状況の深刻さが伝えられ、主要な金融機関のサブプライムの損失が予想を上回る状況であることも明らかになった。周知のように二〇〇八年は、リーマン・ショックに象徴される九月の金融危機の年であった。しかし、リーマン・ショックの衝撃の大きさばかりに目を奪われると金融危機に対応した新たな市場経済段階すなわち国家市場経済の出現プロセスを見逃すことになろう。このプロセスは常に政府と金融当局者の思惑を越えた試行錯誤の過程でもあった。このプロセスのモデルは一九三〇年代のニューディール政策下でのＲＦＣ型の資本投入と金融制度の政府管理に求められるが、世界規模という観点から言えば、資本主義経済が初めて経験する市場経済であった。

金融機関の破綻と救済が現実の課題となるのは二〇〇八年に入ってからであった。しかし、二〇〇七年の時点で証券化市場の破綻がサブプライム関連商品による金融機関の膨大な損失の拡大を引き起こし、金融機関への深刻な経営危機となる予兆はすでに明らかであった。この金融機関破綻の構図は、証券化システムの特徴である銀行からのリスクの分散と分散化されたリスクの伸長と連鎖が証券化市場の破綻を通じて逆流し、リスクを金融機関へと集中することで引き起こされる。この構図のもとで、金融危機は銀行の周辺に位置し、証券化システムの拡大を支えてきた投資銀行を中心とするいわゆるシャドーバンキングを直撃しつつあった。また、このシャドーバンキングシステムの危機を通じて、さらに金融システムの中心に位置する銀行そのものの経営危機を引き起こす、本格的な金融危機への懸念が現実のものとなっていた。それだけに政府の金融危機への迅速かつ根本的な対策が望まれたが、二〇〇七年までの対策は、二〇〇七年八月の初期のサブプライム危機のような市場の危機に対して、ＦＲＢを通じて巨額の資金を供給するという金融対策レベルの装置はなされたが、結局基本的には借り手保護＝救済策に終始した。

二〇〇八年初頭の段階では金融機関の経営危機への対策はまだ十分に用意されていなかった。

①金融機関の破綻と救済に向けて破綻処理手順や公的資金投入による救済プログラムは準備されていなかった。

②一九八〇年代の貯蓄貸付組合（Savings and Loan Association ―― Ｓ＆Ｌ）危機後に不良債権処理

のために一九八九年に設立された整理信託公社（Resolution Trust Corporation――RTC）が金融危機対策の基本モデルであった。

③金融危機の深刻さからいえば、一九三〇年代のニューディール下におけるRFC型の金融機関への公的資金の投入モデルに即して、金融再建プログラムが必要だという認識が政府と金融当局に欠落していた。

④一九九〇年代末の日本での公的資金投入という事例があり、アメリカにおいても二〇〇八年に入って公的資金投入の必要論が一部で主張されても、公的資金投入は政府と金融当局に封印されることになった。

⑤金融危機への対応としてRTC型とRFC型の二つの対策のどちらを主軸にするかが国家市場経済への移行、転換の結節環となってくるのである。

金融危機は「金融機関と市場」との関係として現われるが、市場危機、そして金融機関の経営危機に対する金融当局の救済というレベルでは、国家＝政府の市場に対する役割が重要性を増すことになる。これまでの市場での競争を重視し、促進するという金融改革を金融対策面で支援する金融当局の役割は、今や大きく転換した。今後は市場での破綻に対する事後的な調整コストが問題になるからである。金融当局による消費者保護と金融機関の救済を主軸とした信用システムの回復と維持のための両面で国家に政府がコスト負担の役割を担うことになる。

そのため、金融危機は、「金融機関と市場」の関係に加えて、「政府と市場」の関係として考察される必要がある。この観点から、金融危機段階は次のように区分される。

①金融機関の経営危機に対する市場の評価
②政府によるＦＲＢを通じた金融機関への信用支援と、金融機関の自立的な再建
③この政府支援と金融機関の再建に対する市場の評価
④政府による金融機関救済のための信用支援
⑤政府による金融機関からの問題資産の買い取り
⑥政府による金融機関救済のための資本投入

以上の段階区分が示すように国家＝政府は金融機関救済を軸に金融システム全体の信用リスクを単に補完するだけでなく、保証することで金融システム全体の再生を図ることになる。このようにして、国家＝政府が市場の外部から全面的に市場再生を図る市場経済が国家市場経済であり、この型への市場経済の転換は金融危機に対する市場からの厳しい評価を通じて、国家＝政府が対応と対策を迫られる形で現実化していく。

金融危機の深化による市場機能の不全状況下で市場再生を求める市場の要請に応じた形で国家＝政府主導の市場経済段階がうまれるといってよいであろう。

### 金融機関救済と政府支援

金融機関の破綻は、証券化市場の破綻によるサブプライム・ローンの損失が引き金となった。損失を被った多くの金融機関の中で、投資銀行五位のベア・スターンズは特に深刻な流動性危機に陥った。貸

し手からの資金引き上げで一気に厳しい不安に見舞われ、株価下落がそれに追いうちをかけ、市場に促される形で三月一六日に実質破綻した。実質破綻というのは、ＪＰモルガン・チェースがベア・スターンズを救済買収したからである。しかし、これが通常の救済買収と異なるのは、政府からの積極的な救済支援が行われ、ベア・スターンズ救済に向けてニューヨーク連銀がＪＰモルガン・チェースを通じて窓口貸出による緊急特別融資を決めたからである。

ここには二つの新しい特徴がある。第一はＦＲＢが本来は融資をしない投資銀行にＪＰモルガン・チェースとの協議と合意の上で、ＪＰモルガン・チェースを経由してベア・スターンズに緊急特別融資を行なったことである。これはその意味で、ＦＲＢにとって文字通り特別融資であった。第二は、この特別融資は不良資産処理のためであったことである。ここでのベア・スターンズ救済の枠組はまず、ベア・スターンズが保有する不良資産を買い取る受け皿会社をつくること。そしてポイントとなるのは、その不良資産の買い取り資金をニューヨーク連銀が特別融資するというものであった。

受け皿会社の不良資産が将来多額の含み損を抱えるとＦＲＢも損失を負担することになるから、このＦＲＢ依存の救済方法はＦＲＢにリスクが集中するため、議会でも大きな問題となった。

また、このようにＦＲＢの融資対象が投資銀行にまで拡大されてくることから、ＦＲＢの金融監督権限の強化が打ち出されることにもなった。

しかし、最も重要な点は、このベア・スターンズの救済によって、市場に政府はベア・スターンズ以上の規模の金融機関は救済するという基本メッセージを伝えることになったということである。

## 住宅金融公社の公的管理

金融危機は住宅金融の基幹部分にも信用不安を引き起こした。二〇〇八年七月にファニーメイ、フレディマックの二社の住宅金融公社の株価が急落した。市場からの厳しい評価で二社の経営危機への対策が政府にとっての急務となった。住宅金融問題は、サブプライム金融危機の根幹であり、消費者保護問題としての借り手保護＝救済とも密接に関連する社会問題であった。そのため、七月一三日に財務省とFRBは公的資金の投入の検討にまで踏み込んだ両公社の救済声明を発表した。住宅金融市場での公社の経営の安定化こそが、金融危機回避の緊急課題だという判断である。住宅金融公社は広義でいえば巨大な金融機関であり、その背後に政府の暗黙の保証がある、いわば公的信用に支えられた政府支援企業体（Government Sponsored Enterprise ―― GSE）である。すなわち、この公社への公的資金の投入は、それまで背後にあった政府信用が、これからは住宅金融市場で公然たる政府支援企業体の形で市場支持装置になる。七月三〇日に住宅公社支援法が成立し、借り手救済を明示するとともに、これによって公的資金の注入も可能になった。政府からの住宅金融公社救済声明にもかかわらず、市場で二社の業績評価は悪化し、九月七日に政府の公的資金投入を発表した。これによって、金融市場安定化のために住宅金融公社は政府管理下に置かれることになり、実質的には住宅金融市場そのものを政府が支える新たな市場構造が生まれることになった。これは政府信用が直接に住宅金融市場を支え、管理するという点で、国家市場経済の基底を形作るものであった。

しかし、このような市場構造の大転換にもかかわらず、住宅金融公社の政府管理は、金融の安定化に向かうのではなく九月危機の序章となったのである。

九月金融危機とリーマン・ショック

二〇〇八年九月の金融危機はアメリカの金融システムそのものが構造変化する、歴史的な大転換期となった。

・七日、ファニーメイとフレディマックが政府の管理下に置かれる
・一三日、バンクオブアメリカが証券大手である投資銀行メリルリンチを買収
・一六日、リーマン・ブラザーズが破綻
・一六日、政府が保険最大手のＡＩＧを管理下に置く
・二一日、投資銀行大手のゴールドマン・サックスとモルガン・スタンレーが銀行持株会社に転換

この一連の金融システムの破綻ともいうべき金融危機状況で、市場に最大の衝撃を与えたのが、リーマン・ブラザースの破綻であった。注目すべきことは、経営危機が深刻化していたリーマン・ブラザースに対して政府は買収相手を探す協議を重ねていたものの、ベア・スターンズの時のような政府支援を保証しなかったことである。他方、一転して保険会社であるＡＩＧについては救済を決定した。ＡＩＧの救済は、ＡＩＧの疑似保険商品開発の金融機関の破綻への救済で、この対照的な明と暗が市場に対し

てアメリカ政府の金融危機に対する基本的な対策方針への、さらなる不信を生み出すことにもなった。

九月金融危機はアメリカが誇るべき証券化システムの根幹を制度的に崩壊させることになった。メリルリンチが買収され、リーマン・ブラザーズが破綻した。残る投資銀行大手のゴールドマン・サックスとモルガン・スタンレーンは銀行持株会社へと転換した。これに三月に買収されたベア・スターンズを加えると、アメリカで証券大手五社といわれる主要投資銀行すべてが、投資銀行としてはすべて消滅したということである。これらの投資銀行が証券化システムの発展を支えてきたのであり、住宅金融市場での証券化システムの基幹部分であったのが、ファニーメイ、フレディマックである。言い換えれば、九月金融危機によって証券化システムの主要機関が全面崩壊したということである。

## 金融危機と公的資金

アメリカは歴史的に証券市場優位の市場構造であり、金融革新は証券と銀行の対立と競争の中で進展してきた。この構造が証券・金融市場を発展させ、証券化市場を展開させてきた。にもかかわらず九月金融危機によって証券化市場の主要機関が崩壊するという金融システム崩壊の危機にあっても、政府と金融当局者にはそのような深刻な歴史的な構造認識は欠落していた。

政府は、金融機関救済のための公的資金の投入については市場からの要請が強まる中でも封印し続けてきた。

最大の金融危機の中で検討・審議されたのは、公的資金による不良資産の買い取りを軸とする金融安定化政策であった。この「緊急経済安定化法」（Emergency Economic Stabilization）は、通常「金融安定化法」と呼ばれる金融システム再建法である。九月二九日に下院で否決され、アメリカ議会での政治劇に市場は落胆したが、一〇月三日に成立した。しかしこの公的資金による不良資産の買い取り計画は、ＲＴＣをモデルにしたものである。当初からこれで市場が鎮静化するかどうかは懸念されていた。金融危機は世界規模で深刻になっていたからである。実際金融市場はこの金融安定化法を評価しなかった。

九月末時点で、ヨーロッパでは英国をはじめ各国政府が公的資金を投入して金融機関の経営危機を支援・救済する動きが加速していた。一〇月に入るとその動きはさらに顕著になった。金融市場レベルでの国家市場経済の展開が世界規模で始まっていたのである。

そのため財務省は金融安定化法で用意した公的資金枠を金融機関への資本注入へと拡大するという方針転換を行なわざるをえなくなった。金融安定化法制定時には想定していなかったため、公的資金運用の法的な拡大解釈で急遽、方針の大転換を行なったのである。それだけ公的資金投入による金融機関救済が急務となったということであろう。それに基づいて一〇月に主要金融機関に対して財務省主導による大規模な資本注入が行なわれた。しかし、その中にあってシティグループの経営危機は特に深刻で、アメリカ政府はさらに一一月にシティ救済としての不良資産損失の一部を肩代わり＝保証と追加的な資本注入を行なった。今や政府による市場の安定化と金融機関の救済こそが最優先課題となった。こうしてブッシュ政権の金融危機対策は試行錯誤の中で国家市場経済への転回を用意したのである。

## オバマ政権の国家市場経済と金融規制改革

二〇〇九年一月二〇日に発足したオバマ政権下で国家市場経済が更に展開されることになった。まず五月二七日、政府はシティグループの優先株の一部を普通株に転換して、シティを管理下において再建を図ることにした。また、同月に二ヶ月かけたストレステスト（財務健全性審査のための査定）を発表し、大手銀行持株会社一〇社に資本増強を求めた。これを受け、オバマ政権は金融制度の規制改革への強い姿勢を示した。こうしてブッシュ政権下で定められた国家市場経済はオバマ政権に継承され、政府主導の市場と金融機関の再生が強力に推進されることになった。

他方、国家市場経済下では、オバマ政権の主要な課題は金融危機を引き起こしたウォール街に対していかに金融規制強化を行うかということにおかれてきた。二一世紀におけるオバマ型ニューディールであり、包括的な金融規制改革であった。

それは二〇一〇年七月二一日「ウォール・ストリート改革及び消費者保護法」（ドッド＝フランク法）として成立した。

オバマ金融規制改革は一九九九年の「グラム＝リーチ＝ブライリー法」による金融・証券・保険の統合化と金融革新の基本戦略を根底から変革することにあった。そのために、①「Too Big To Fail」政策をやめ、金融機関破綻の制度的なルールをつくること、②ＦＲＢを中心に金融監督権限の強化と拡大を図ること、③消費者保護を強化することなどが柱となった。

特に消費者保護はこれまで金融制度改革法案の際に金融革新の対極をなす課題として取り扱われてきたが、今回のように金融規制法の表題に掲げられたのは初めてである。この点でも歴史的に画期的なものである。

ドッド＝フランク法では政府権限が拡大し、連邦規制当局による金融機関解体の権限や、破綻処理策の策定権限が定められている他、金融安定化監督評議会の設置によって金融システム安定化のための監督権限の強化が図られている。消費者金融保護局はＦＲＢ内に設置されることになった。特に大手金融機関への監督が強化されたことが特徴である。その中心となったのがボルカー・ルールである。

ボルカー・ルールの柱は大手金融機関の自己勘定取引を概ね禁止したこと。リスクの高いヘッジファンドやプライベート・エクイティー・ファンドへの投資は資本の三％以下では可能というものである。二〇一〇年一月にオバマ大統領によって突如表明されたボルカー・ルールは当初採用が危ぶまれたが、幾分後退したとはいえ、ドッド＝フランク法の基軸部分となった。投資銀行が開発した自己勘定取引禁止に見られるように銀行の業務からリスクの高い証券業務を排除するという基本的思想は、一九三三年のグラス＝スティーガル法（Glass-Steagall Act）における銀行と証券の分離と類似することからも、ボルカー・ルールはグラス＝スティーガル法の精神への復帰ともうたわれている。この点でも、ドッド＝フランク法はニューディール型の本格的な包括的金融規制法と呼ぶにふさわしいというべきであろう。

しかし、この金融規制がどのように実効性をもつのかは今後の審議に委ねられている。

ブッシュ政権下で形成されてきた国家市場経済のもとでオバマ政権が打ち出したこの包括的金融規制が金融システムの再建と国家市場経済からの脱却にいかに有効性を発揮するかはこれからの課題である。

## 国家市場経済と財政危機

国家市場経済は、金融危機への対策として市場機能の不全化と銀行を中心とする金融機関の再建のために、国家＝政府が市場への支援＝救済や銀行への公的資本の投入を行うことで出現した新たな市場経済段階である。これは市場の社会的責任を国家＝政府が負担することを意味し、国民経済規模ではこの財政負担は金融の市場再建と金融制度再建へのコストの負担である。この市場の事後的調整コストが財政の許容範囲にとどまるかどうかが、経済再生への重大な分岐点となる。ニューディール期の国家市場経済では銀行制度の再建を行うことで、金融・証券市場と銀行システムの健全化を前提に、国債発行と財政支出による経済再生プログラムが実施された。しかし、現在の資本主義諸国は財政基盤が脆弱で、日本の場合も一九九〇年代末の金融危機に対して、銀行への公的資金の投入を行うことで日本発の金融恐慌は阻止できたが、経済再生への道筋をつけることはできなかった。

サブプライム金融危機が引き起こした世界規模での金融恐慌は、主要なヨーロッパ諸国とアメリカにいわゆる二一世紀の国家市場経済を出現させた。しかし、この国家市場経済システムが経済再生への再起動システムを構築しているとは言い難い。国家＝政府による市場再生と金融機関救済への支援は、重い財政負担となってこれまでの脆弱な財政状況を更に悪化させる要因となってしまった。EU諸国はギリシアの財政危機問題を抱え、アメリカは債務上限問題を抱えている。サブプライム金融危機は、市場経済を世界規模での国家市場段階への大きく転換＝変質させたが、ここでの市場での事後的調整コストの負担の重さが更に財政危機への大きな誘発要因となっている。国家市場経済が、金融恐慌後の経済再生への再起動システムを構築できるのか、それとも財政危機を更に悪化させ金融危機から財政危機への負の連鎖が続くことになるのか、今そのシステムと制度の真価が問われている。

サブプライム金融危機から一〇年。国家市場経済システムは恒常化され、限られた機能と範囲の中で市場機能の再生が図られているにすぎない。経済格差を背景にしたポピュリズムの台頭と国際的な金利の同調メカニズムの変調など新たな課題が生まれている。特に日本では国家市場経済段階での市場機能の喪失化と財政危機に依存した金融政策の問題点が浮き彫りになってきている。その面で危機は深まっているのである。

# 第1章　サブプライム問題と金融危機の構造

坂本　正

## 第一節　サブプライム問題の構造と段階的課題

サブプライム問題が引き起こした世界的な金融不安の予兆は二〇〇七年三月に始まり、八月には金融危機的な様相を帯びて拡大した。これは、拡大をし続けた証券化市場の世界的な転換期を意味するものであった。一〇月に入って一時期は沈静期に入ったと思われた。しかし、問題が解決したわけではない。むしろ金融機関の深刻な影響が表面化し、金融不安の長期化の中で金融危機下での世界経済の再調整が課題となってきた。

今回の金融不安の特性は、サブプライム市場というアメリカの住宅金融市場のごく限定された周縁市場で起こった延滞や差し押さえ（抵当流れ）といった借り手の返済不能問題が、グローバルな問題へと展開したことにある。二一世紀型金融危機とも呼ばれるサブプライム問題は、アメリカで最も先進的に開発された金融工学を駆使した証券化（セキュリタイゼーション）がグローバルに展開するという、アメリカ市場経済の特性を顕著に示すものであった。しかし、他面で今回の問題の根源にあるのは、金融革新の進展によって生み出された金融排除へのアメリカ的な解決策と、アメリカの大衆社会を支えてきた消費限界を拡張する消費社会の信用構造であった。住宅市場で金融から排除された人々に市場メカニズムを通じて住宅を提供したアメリカ社会の市場経済化の潮流に沿って、金融的社会政策が展開され、消費者保護運動が推進されてきたのである。したがって、サブプライム問題については、①アメリカの国内問題としてのサブプライム市場の構造と背景、②サブプライム市場の発展を支えた証券化の進展、③証券化進展の鍵を握る第二市場（流通市場）の展開、④第二市場へのウォール街の参入、⑤サブプライム貸付を組み込んだ証券化による金融商品の組成、⑥ヘッジファンド等による証券化の進展としてのグローバリゼーションの展開といった各段階における考察が必要となる。

このように極めて多角的な考察が必要となるが、何よりも必要な視点は、第一に住宅市場のブームに支えられたホーム・エクイティー（Home Equity）の上昇にみられる資産価格の上昇を前提に設計されたサブプライム貸付形態が意味するものである。サブプライム問題で対象となる貸付諸形態は、資産価格の上昇という現代擬制資本の運動に基礎を置いたものであることが、何よりも重要な点である。

第二に、これに関連して留意すべきことは、証券化そのものも、この現代擬制資本の運動を前提に組み立てられた新たな金融商品の構築であるということである。

第三に、証券化の進展の問題が一九八〇年代には金融機関の経営危機であったものが、今回は住宅市場という消費者金融の部面で起こったことである。

第四に、ホーム・エクイティーの上昇に基づく貸付の展開は、借り手の返済能力を考慮しない支払い能力の限界を超えた信用供与の拡張であったことである。しかし、ここで供与された信用は、自動車の購入などの他の消費に使われることによって、アメリカ社会の特徴である消費経済の発展に寄与することになったことである。これによって返済能力の限界を一時的に打破し、他面で消費拡大を促すという二重の危機を内包したことに留意すべきである。

第五は、証券化によるリスク分散のグローバル化の意義と限界である。証券化は消費者金融の部面においてもリスク分散による金融商品化を可能にし、グローバルな展開を可能にした。

消費者市場の金融化と証券化は、結果にはリスクの根底を消費者の直接的な支払い能力に据え、消費者市場の支払い能力という限界的なリスクをグローバルな証券化市場と直接に連動させることになった。これは証券化によるリスクの分散ではなく、リスクの連鎖と破綻の構図である。

第六は、以上の論点を踏まえたサブプライム問題の構造把握の視点である。

① このような構造で引き起こされたサブプライム問題を、根源がアメリカ経済のごく限定的な住宅金融市場の領域での問題であることから、限定的問題として捉えるかどうか。

② 世界的に金融不安が起こったことを重視し、証券化の核心であるリスクの分散によってリスクの危機的連鎖が展開されたとの立場から、証券化のあり方について新たな問題点を検討するかどうか。

③ 金融不安が起こったとはいえ、証券化によるリスクの分散の意義は大きいので、これを一時的な調整局面とみるかどうか。

④ 証券化によってリスクは銀行からは分散したはずであるが、金融不安が生じると、銀行へのリスクの集中というリスク回帰も考慮すべきではないか、というよりも、むしろ銀行へのリスク集中という証券化の構造を問題にすべきではないか。

以上の四点である。

サブプライム問題は極めて複合的であり、かつ多面的であるので、以上のような論点に留意して、まず、問題点を整理することが必要であろう。こうした視点に立って市場のおのおの局面の現象や論理段階を整理し、新しい金融危機の特質の理解に努めていく。

## 第二節　サブプライム問題の理論構造

### ⑴ サブプライム問題の基本構造

サブプライム問題は、アメリカの金融市場においては、本来の金融システムの周縁に位置する部分市場での問題である。しかし、課題とすべきことはこのアメリカでのごく限定された領域での問題が、国際的な市場の連関の中で国際的な金融不安を引き起こしたことにある。この時点でサブプライム問題は、アメリカの金融市場のシステムからはある意味では隔離された部分市場としての周縁市場の問題ではなく、今日のグローバリゼーションの中心に位置するアメリカの金融市場の本流の問題として認識されることになった。

周縁市場を金融市場の構成部分へと押し上げたのは、①新しい流通市場の展開による金融の証券化の進展である。そして、②世界的なカネ余りと低金利の中で積極的な投資を進めた証券化市場におけるヘッジファンドなどの存在である。

このようなグローバリゼーションの進展の中でアメリカの特定の領域に限定されていたはずのリスクが分散され、そのリスクの連鎖がファンドによって拡大・増幅されることで、国際的な金融不安の要因となったのである。したがって、問題解決の所在は、アメリカの低所得者を対象とした信用力の低い個人向け住宅融資が生み出した社会不安を解決するかどうかにかかっている。

## ⑵ サブプライム問題とグローバリゼーション

サブプライムローンは、アメリカの低所得者向けの住宅融資として開発されたものであるから、ある意味ではアメリカの金融市場においても限定的なセグメントされた市場の問題である。しかし、金融の証券化の発展とグローバリゼーションの進展の中で、このサブプライムローンの焦げ付き問題が、近年世界的な金融不安を引き起こす要因として注目されることになった。その理由と背景を考察することにしたい。

金融の証券化はリスクの分散化を目指す手法として発展してきたが、リスクの分散は他面でリスクの連鎖を引き起こすことになり、グローバリゼーションのもとでは、金融市場の国際的な連携がうまれ、リスクの国際的な連鎖を引き起こす要因となることを確認しておく必要がある。短期金融市場の発展を軸とした金融市場の発展は、重層的な市場の連携のもとに投資家にリスクを重層的に分散させることが可能になり、このことが金融不安の集中的な激発を抑制することを可能にしてきた。これが現在における金融市場と信用制度の重層化の特徴といってよいであろう。しかし、その基底にあるのは、リスクの分散を支えるために組み込まれた公的信用の保証補完的な役割である。

金融の証券化に際して証券化を保証するために公的な機関が金融市場における参加者となり、その証券を保証する役割を果たすことで、市場における証券化が可能になる。住宅金融分野における公的な金融機関が果たすこのような役割によって、いわば公的信用に与えられた市場での証券化と流動化が推進されるのである。

このように公的信用の金融市場における支持装置はアメリカの金融市場発展を保証する基礎を形作るものであり、市場経済を支える金融部面での補完機能といってよいものである。しかしサブプライム市場は、金融の証券化が進展する中で、その周縁部に公的な機関の補助がない民間セクターとして独自に形成されてきた消費者金融市場である。そのため、証券化においても主として民間セクターにおいて進展することになり、ここに市場参加者として弱小金融機関が多数参入し、金融機関の脆弱性が集中的に現れることになったのである。

リスクの分散を支える証券化市場としての金融市場の重層化は、金融不安に際しても初期段階で集中的で激発的な顕在化を抑制し、重層的な市場メカニズムの中で、一定程度吸収することを可能にするはずであった。本来、金融当局はその吸収機能に依拠して、金融不安の拡大を抑制する措置を講じることができるのである。現実には市場は常に乱高下し、短期的には、その機能は必ずしも公正とはいえない。にもかかわらず、市場が不安要因を一定程度吸収し、市場の自立的な回復を期待されるのは、教科書的にはこの市場の重層化にあるといってよいであろう。

しかし、証券化市場のグローバルな展開によって、このような市場機能そのものが逆にリスクの連鎖をも重層化し、危機を内在化させていることを看過すべきではない。

### (3) 住宅金融と擬制資本依存構造

では、証券化市場の展開によって、なぜこのような低所得者向の住宅融資の領域において信用不安が拡大するシステムができたのであろうか。

アメリカにおいて金融システムの発展は、銀行による信用供与の拡大を支える形で発展してきた。それまでの信用供与の限界を超える形で展開をとげてきたのが、消費者向けの金融である。それはすでに、一九二〇年代から発展をとげ、それを支える市場や技術も発展してきた。

近年の金融革新の発展で銀行を中心とした金融機関が信用供与の領域を拡大する中で、一九八〇年代、金融革新の流れから排除される低所得者の存在が問題となってきた。いわゆる金融排除といわれる問題である。アメリカの社会生活で必要な小切手を持つための、銀行勘定を開設できない人々の存在については、ライフライン・バンキング（Lifeline Banking）問題あるいはベーシック・バンキング（Basic Banking）問題として社会問題化してきた。

このような状況のもとでは低所得者層にとって、住宅融資は最も関心の高い課題である。住宅ブームのもとで低所得者層を対象とした金融業者が新たな市場を造出し、これまでの銀行を中心とした本来の金融システムから排除された人々向けの融資対象を創出したのである。これは、低所得者層の金融排除からの救済と本来の金融市場への架橋という新たな業務の展開である。しかしこれは、他面では返済能力を超えた個人向け融資の創出過程でもある。

こうしたこれまでの個人向け融資の限界を超えた信用領域の拡大を支えたのが住宅ブームであり、住宅ブームという形での資産価値の上昇に依存した金融技術の開発である。

日本においては、土地や株式という資産価値の上昇は擬制資本特有の運動として他の市場とは区別された投資対象となる反面、その下落において擬制資本の運動に依存していた銀行等の金融機関に多額の不良債権をもたらした。バブルの発生と崩壊をめぐる擬制資本に依存した金融構造の基本問題である。

しかしアメリカにおいては、ホーム・エクイティー（Home Equity）という擬制資本に基づく新たな架空的資産概念のもとで、住宅ブームによる住宅部門の資産価値の上昇を裏付けに金融の証券化が展開され、金融の証券化を通じて住宅ブームが持続したのである。周知のように金融の証券化の発端は一九八〇年代に金融革新の進展に対応できなかったアメリカの貯蓄貸付組合の倒産を契機として、Ｓ＆Ｌから貸付を受け、返済が確実な借り手のモーゲージをプールして証券化し、アメリカ連邦住宅抵当公社（ファニーメイ、Federal National Mortgage Association; FNMA）、連邦住宅貸付抵当公社（フレディマック、Federal Home Loan Mortgage Corporation; FHLMC）などの公的金融機関（政府支援事業体）の保証のもとでリスクを投資家に分散する形で、金融の証券化が進展してきた。

このモーゲージ市場での証券化の手法が、サブプライムといわれる低所得者層の信用力の低い個人融資の領域にも持ち込まれ、これまでの支払い能力を超えた限界市場の市場化を造出することになった。これは証券化による限界市場の市場化である。

したがって、問題の本質は個人の支払い能力にかかっているが、証券化による限界市場の市場化によって、返済能力を超えた信用供与を可能にみせる手法が資産価値の上昇を背景にした証券化型の金融革新であったのである。これは、資産価格の上昇という擬制資本に依存した証券化であり、これまでになかった消費者金融のバブルを生み出した。このバブルは、資産バブルと消費者金融バブルが複合したアメリカ型の新しいバブルである。ここにアメリカ型の現代的な擬制資本の展開がみられる。

金融の証券化の進展の中心はモーゲージ市場の発展であったが、その発展には二つの段階的な特徴がある。第一段階を形作る一九八〇年代は、貯蓄貸付組合（Ｓ＆Ｌ）の経営危機という金融機関の経営危機とその危機回避に特徴づけられる。第二段階の一九九〇年代は、それまでとは質の違う本格的な証券化の進展の時期である。

一九九〇年代前半の金融機関の危機回避と金融制度の再編成に目途がつき始めた一九九四年頃、モーゲージ市場は新たな進展をみせることになる。ここでの特徴は、住宅金融市場での消費者金融の進展と消費者金融分野での証券化である。証券化の影響は一九八〇年代の金融機関から一九九〇年代の消費者金融へと、よりリスクの高い分野にまで及ぶようになったのである。消費者金融の発展はアメリカ経済の一つの特質である消費社会としての発展を促進してきたが、一九九〇年代の証券化は金融領域で社会的問題となっていた金融へのアクセスができない金融から排除された層をも市場経済化の中に組み込む形で、次の段階へと展開していくことになったのである。そして、一九九〇年代に入って、低・中所得者向けの信用力の乏しい人々にも貸付市場が展開され始める。一九九四年頃には、この市場はサブプライム市場として知られるようになるが、この市場が社会的関心をひくのは、ここで特定のコミュニティを標的にした新たな「略奪的」(Predatory) 貸付が急増したためである。そのため、論者によっては、サブプライム市場は略奪的貸付とほぼ同義の脈略で位置づけられるほどであった。このような社会問題としてのサブプライム市場は、地域再投資法 (Community Reinvestment Act) 以来のコミュニティへの信用供与、住宅提供という社会的課題に対して、証券化による市場化という新しい形でのアプローチを示したものであった。

### (4) サブプライム問題と金融の周縁市場

アメリカでは低所得者層に対して融資を規制する、あるいは融資対象としないという金融排除の問題がある。そこで金融排除される人々にどのような金融サービスを提供できるかが課題となる。このような状況の中でサブプライム問題は、低所得者層に対して住宅向けの融資を行うことで、低所得者への金融へのアクセスを可能にしたといってよい。しかしその融資条件は通常の金融システムの枠外に設定されたもので、金融市場としても正規金融システムの周縁に位置する周縁市場というべきものである。

アメリカの金融排除の歴史の中では、銀行が低所得者層の地域の人々に融資をしない範囲を赤色で囲い込んで示したとされるレッドライニング問題があった。しかし金融機関の側も一定の層をみれば、勤勉な低所得者が返済を確実にするという経験からこのような人々を排除せず、金融業務の対象として業務を拡大する努力を重ねてきた。これが低所得者層を対象とする金融業務の成功事例である。

しかし、この成功事例にみられるような金融業務の対象となる優良な低所得者の範囲は、限定的なものである。とはいえ、低所得者層向けの金融サービスは信用リスクが高いことから高金利となり、多数の零細な貸付業者が参入することになった。と同時に金融業者の略奪的貸付が問題とされてきたのである。サブプライム問題はサブプライム市場の拡大につれて、こうした略奪的貸付問題の顕在化を引き起こしてきた。

アメリカの金融革新の中で金融排除された低所得者層への金融システムへのアクセスという試みの中で市場が生み出した新しい問題が、サブプライム問題の中に包含されているのである。

## 第三節　サブプライム問題とグローバリゼーション

### ――中国工商銀行都市金融研究所との国際シンポジウム報告（二〇〇七年一〇月一六日）

#### ⑴ 問題の所在

二〇〇七年春以降、世界的な金融不安が広がった。今回の金融不安の特徴と新しさは、その震源がアメリカのサブプライム市場の不振にあるという点である。サブプライム市場というアメリカの住宅金融市場で、近年急成長してきた市場の問題が、なぜ世界的な金融不安と連鎖するのであろうか。

その主たる要因がアメリカの金融の証券化と、それによって世界的に展開されたグローバリゼーションである。この二つの要因こそアメリカ型市場経済の特徴をなすものである。しかし、それならなぜ新しい現象といえるのか。その新しさは多層にわたる市場参加者によって証券化というリスクの分散が図られた反面、危機連鎖がグローバルに拡散するという事態を示すことになったからである。

ただ注意すべきことは、今回の事態が限定的な市場において極めて短期の間に集中的に起こったことである。サブプライム貸付やサブプライム市場が今回の世界的な金融不安によって初めて知らされたように、サブプライム市場の発展は歴史が浅く、延滞の原因となった貸付も短期間で急成長したものである。この短期間に集中した危機が世界的に拡散したことが、何よりの特徴である。

この観点から、多層に構成されるサブプライム問題の検討課題を次のように整理しておくことにしよう。

### (2) サブプライム市場の発展

サブプライム市場とは、低・中所得者向けの信用力の乏しい借り手に対して供与されるサブプライム貸付の市場のことである。住宅金融の消費金融としても極めて新しい市場で、サブプライム市場の発展は、一九九四、九五年頃から始まる。この頃から初めて知られるようになった市場であり、したがって、まだ限定的な市場である。

このサブプライム市場の発展を支えたのが証券化の展開である。これによって、サブプライム市場が急成長する。住宅ブームの中でサブプライム市場は拡大していくが、サブプライム市場の問題が表面化するのは二〇〇四年頃からである。

そして、二〇〇六年末頃から事態は次第に深刻さを増すようになってきた。しかし、それだけなら、住宅金融の限定的な分野の問題であるが、このサブプライム市場の危機が同時にグローバルに拡大され、展開されることになった。

では、このようにある意味ではアメリカの金融市場においても限定的なセグメントされた市場の問題でありながら、このサブプライムローンの焦げつき問題が近年世界的な金融不安の引き起こす要因として注目されることになったのであろうか。それは、サブプライム市場における証券化の進展が限定市場を全国市場へと連携し、サブプライム担保証券を組み込んだ証券が、欧米の投資家の投資対象になったからである。

### (3) アメリカの金融の証券化とサブプライム市場

金融の証券化はリスクの分散化を目指す手法として発展してきたが、リスクの分散は他面でリスクの連鎖を引き起こすことになり、グローバリゼーションのもとでは、金融市場の国際的な連携のもとでリスクの国際的な連鎖を引き起こす要因となることを確認しておく必要がある。

短期金融市場の発展を軸とした金融市場の発展は、重層的な市場の連携のもとに、投資家にリスクを重層的に分散させることが可能になり、このことが金融不安の集中的な激発を抑制することを可能にしてきた。これが、現在における金融市場と信用制度の重層化の特徴といってよいであろう。

しかし、その基底にあるのは、リスクの分散を支えるために組み込まれたファニーメイ、フレディマックの二つの住宅金融公社による、公的信用の保証補完的な役割である。

金融の証券化に際して証券化を保証するために、公的な機関が金融市場における参加者となり、その証券を保証する役割を果たすことで、市場における証券化が可能になる。住宅金融分野における、公的な金融機関が果たすこのような役割によって、いわば公的信用に与えられた市場での証券化と流動化が推進されるのである。

このように、公的信用の金融市場における支持装置は、アメリカの金融市場発展を保証する基礎を形作るものであり、市場経済を支える金融部面での補完機能といってよいものである。

しかし、サブプライム市場は、金融の証券化が進展し、公的な機関の役割が低下している中、その周縁部に民間セクターとして独自に形成されてきた消費者金融市場である。そのために証券化においても、主として民間セクターにおいて進展することになり、ここに市場参加者としての金融機関の脆弱性が集中的に現われることになったのである。

サブプライム市場では、モーゲージ市場に新規に参入した金融機関が、証券化を背景に借り手の返済能力を無視した貸付を拡大してきた。従来の証券化と金融革新の前提を欠いたまま、貸付と証券化が行われたのである。

## (4) サブプライム市場での貸付形態の問題点

今回、サブプライム市場で特に問題とされている貸付形態は、主として、変動金利モーゲージ(Adjustable Rate Mortgage ── ＡＲＭ) と借り換え (Refinance; リファイナンス) である。

変動金利モーゲージは、例えば二年間は固定の低利子で、三年度はリセットして変動金利に転換されるが、この時から法外な利子となり借り手の負担となる。三〇年物のモーゲージの場合、これは二／二八と呼ばれる。住宅価格が上昇している場合は、所有しているモーゲージが上昇していることを根拠に、別の低い金利のモーゲージに借り換えることで負担は軽減され、問題は表面化しない。しかし、住宅ブームが終息し、住宅価格が下落すると、二／二八のような変動金利モーゲージの借り手は、リセット時の高金利に直面して返済の目途が立たなくなる。借り換えの目途も立たず、支払いショックが起きるのである。このことから延滞や差し押さえが起きるが、変動金利モーゲージによる延滞の増加が現われるのが、二〇〇四年頃である。

この二〇〇四年から始まる変動金利モーゲージの延滞の増加という危機は、消費者団体など一部では問題視されていたが、深刻な経済指標とは受け止められていなかった。二〇〇六年八月頃の住宅市場の減退に伴って、消費動向との関連で注目され始めたが、経済問題としては、まだそれほど重要視はされていない。それまでアメリカでは、住宅金融においてホーム・エクイティー（home equity）の上昇で増加分を現金で、あるいは借り換え時に借り増しすることで、増加分を消費に回してきた。

住宅価格の低迷についても、高額所得者や一般の消費者を中心に、その消費に回す部分の減少という側面で捉えられていたにすぎない。ただこの頃、変動金利モーゲージがサブプライム貸付の主流になり、延滞が急増していることに消費者保護団体が強く関心を持ち始めた。したがって、サブプライム市場での変動金利モーゲージによる支払いショックは、経済問題としていきなり登場してきた感があるのはそのためである。

### (5) サブプライム貸付の証券化

サブプライム貸付が借り手の返済能力を無視した信用供与でありながら、貸し手側がこのような信用供与を拡大してきた背後に、サブプライム貸付が証券化されて流動化する、第二次市場としての流通市場の存在がある。これが、一九九四年からのサブプライム市場の急成長を支えた要因である。カネ余りの中、有利な投資対象を求めるウォール街の金融機関がサブプライム市場の流通市場にも参入することになった。これによって貸し手の金融機関は、零細な資金源に依存することなく、貸付の資金源を確保することができるようになり、貸付先を拡大してきたのである。

貸付金融機関が借り手のローンをポートフォリオとして保有するとなると、借り手の返済能力に注意を払わなければならないが、貸付の証券化によってリスクを第三者に転嫁することで、借り手の将来的な返済能力に留意する必要がなくなったのである。

このような状況下でひとたび証券化されると、サブプライム貸付の返済能力が問われることなくモーゲージ担保証券の中に組み込まれ、さらにこれらが組み合わされて再証券化されると、サブプライム担保証券の問題点をチェックすることはますます困難になる。この典型が合成債務担保証券（Collateralized Debt Obligation――ＣＤＯ）である。これらの革新型の金融商品は格付け機関の評価によって市場で金融商品として格付けされ、ヘッジファンド等の投資対象となる。サブプライム担保証券のリスク評価に基づいて、さまざまに組み合わされる証券化にこそリスク分散の本領がある。しかし、そのリスク分散はその複雑な構成によって、リスクの波及的な連鎖の拡散ともなっているのである。

しかし、いかに複雑に組み合わされ、リスク評価の金融技術の革新が進んでも、モーゲージについてのモデルは住宅価格上昇を前提にしたものであり、サブプライム貸付においては、低・中所得者の乏しい返済能力を過大に評価することで成り立っている。

このモデルの根底にあるのは住宅価格の上昇であり、サブプライム担保証券の流通の鍵を握っているのは低・中所得者層の返済能力なのである。

### ⑹ サブプライム問題と新市場政策

このような問題をかかえながら、サブプライム市場は基本的には肯定的に捉えられてきた。それは、サブプライム市場の発展が、それまでアメリカの金融システムから排除されてきた低・中所得者に住宅所有というアメリカンドリームを具体化してきたものだからである。その中で略奪的貸付が起こってきた。課題はこの略奪的貸付をいかに排除するかであった。今回の金融不安のもとでの問題解決についても、その姿勢に変わりはない。

では、なぜこのような低所得者向の住宅融資の領域において、信用不安が拡大するシステムができたのであろうか。消費者保護と新市場政策の両面からみていくことにしよう。

アメリカにおいて金融システムの発展は、銀行による信用供与の拡大を支える形で発展してきた。それまでの信用供与の限界を超える形で展開をとげてきたのが、消費者向けの金融である。それはすでに一九二〇年代には発展をとげ、それを支える市場や技術も発展してきた。

近年の金融革新の発展で、銀行を中心とした金融機関が信用供与の領域を拡大する中、金融革新の流れから排除される低所得者の存在が問題となってきた。いわゆる金融排除といわれる問題である。

アメリカの社会生活で不可欠な支払いに必要な小切手を持つために必要な銀行勘定を開設できない人々の存在については、ライフライン・バンキング問題、あるいはベーシック・バンキング問題として社会問題化してきた。

他方、このような状況下だからこそ、低所得者層にとって住宅融資は最も高い関心事である。

そこで金融排除される人々に、どのような金融サービスを提供できるかが課題となる。このような状況の中でサブプライム問題は低所得者層に対して住宅向けの融資を行うことで、低所得者への金融へのアクセスを可能にしたといってよい。しかし、その融資条件は通常の金融システムの枠外に設定されたもので、金融市場としても正規の金融システムの周縁に位置する周縁市場というべきものである。

アメリカの金融排除問題は金融制度への取り込み化へと市場問題化されることになった。周知のように、銀行が低所得者層の地域の人々に融資をしないレッドライニング問題があったが、勤勉な低所得者が返済を確実にするという経験から、一部の金融機関はこのような人々を排除せず、金融業務の対象として業務を拡大する努力を重ねてきた。これが低所得者層向け金融業務への新たな展開である。

しかし、金融業務の対象となるこのような優良な低所得者の範囲は限定的なものであり、低所得者層向けの金融サービスは信用リスクが高いことから高金利となり、取り立ても厳しくなり、金融業者の略奪的貸付が問題とされてきた。

サブプライム問題は、サブプライム市場の拡大につれて、こうした略奪的貸付問題の顕在化を引き起こしてもいるのである。

アメリカの金融革新の中で金融排除された低所得者層への、金融システムへのアクセスという試みの中で市場が生み出した新しい問題が、サブプライム問題の中に包含されているのである。

住宅ブームのもとで低所得者層を対象とした金融業者が新たな市場を造出し、これまでの銀行を中心とした本来の金融システムから排除された人々向けの融資対象を創出したのである。これは、低所得者層の金融排除からの救済と本来の金融市場への架橋という新たな業務の展開である。しかしこれは、他面では、支払い能力を超えた個人向け融資の創出過程でもある。

こうしたこれまでの個人向け融資の限界を超えた信用領域の拡大を支えたのが住宅ブームであり、住宅ブームという形での資産価値の上昇に依存した金融技術の開発である。日本においては、土地や株式という資産価値の上昇は、擬制資本特有の運動として他の市場とは区別された投資対象となる反面、その下落において擬制資本の運動に依存していた銀行等の金融機関に多額の不良債権をもたらした。バブルの発生と崩壊をめぐる擬制資本に依存した金融構造の基本問題である。

しかし、アメリカにおいては、住宅ブームという住宅部門の資産価値の上昇を裏付けに金融の証券化が展開され、金融の証券化を通じて住宅ブームが持続したのである。周知のように金融の証券化の発端は、金融革新の進展に対応できなかったアメリカの貯蓄貸付組合（Savings and Loan Association――S＆L）の倒産を契機にS＆Lから貸付を受け、返済が確実な借り手のモーゲージを証券化して、リスクを投資家に分散する形で金融の証券化が進展してきた。

このモーゲージ市場での証券化の中で開発された貸付手法が、低所得者層の信用力の低い個人融資の領域にも持ち込まれ、これまでの支払い能力を超えた限界市場の市場化を造出することになった。これが低・中所得者を対象とするサブプライム市場の形成となった。

したがって、問題の本質は個人の支払い能力にかかっているが、返済能力を超えた信用供与を可能にみせる手法が資産価値の上昇を背景にした金融革新であったのである。

## (7) 消費者保護とサブプライム市場での略奪的貸付

消費者保護の団体は、サブプライム市場の発展によって、他方で略奪的貸付が起こっていることを重視して、略奪的貸付禁止に向けて強い規制を求めてきた。一九九四年からのサブプライム市場の発展では、ホーム・エクイティー・ローンに関わる略奪的貸付が問題とされてきた。

早くも一九九四年には「住宅所有および資産保護法」（Home Ownership and Equity Protection Act――ＨＯＥＰＡ）が制定され、州レベルではさらに進んだ形で、ノース・カロライナ州で略奪的貸付に対抗する規制法が制定され、全国的な広がりをみせたが、略奪的貸付を抑制することはできなかった。そこで、二〇〇〇年に入ると財務省、住宅開発省などが略奪的貸付を抑制するための対抗措置をとってきた。しかし、住宅ブームの中で低・中所得者の住宅所有というアメリカンドリームの方に関心が向けられ、略奪的貸付に対しての規制は効果を上げていない。そして、二〇〇四年頃からハイブリッドの変動金利モーゲージによる延滞の急激な増加によって、サブプライム市場における貸付内容が問題となり、このようなサブプライム貸付が証券化された金融商品についての評価が急激に悪化することになったのである。

### ⑻　連邦準備制度理事会（ＦＲＢ）とサブプライム市場

このような状況の中でＦＲＢの姿勢をみておこう。

サブプライム問題に示されたＦＲＢの基本姿勢は、住宅金融市場における金融技術の革新と証券化の役割を高く評価するとともに、その負の側面である消費者への被害をＨＯＥＰＡのもとで、いかに最小限にするかということに貫かれている。

したがって、消費者保護は住宅金融において、金融へのアクセスが困難であった人々への金融のアクセスが可能となり、住宅所有が可能になったこと。これによってアメリカンドリームが実現していることに付随するいきすぎた負の側面の是正である。

住宅金融の発展とアメリカンドリームの実現という新しい現象は金融技術の革新と証券化に支えられたもので、それを担う新しい市場参加者によって推進されてきた。モーゲージ市場での発展モデルに基づく証券化の推進は、第二市場（流通市場）でのヘッジファンドによって支えられ、モーゲージ市場での金融的商品の加工と、販売に弱小の金融業者が参加することになった。

本来の金融市場にはアクセスできなかった中低所得者層への金融アクセスの道は、このような新規参入した弱小の金融業者が創出したものであり、ここにアメリカンドリームの道が開かれる。こうした本来の金融市場の外枠に発生した周縁市場において、目にあまる略奪的貸付が問題になる。このような略奪的貸付は、金融市場の秩序を乱すものであるから禁止すべきものである。FRBが消費者保護のために、他の機関やコミュニティの消費者団体と連携しながら、消費者向けの啓発活動に取り組む意義もここにある。

アメリカの住宅金融市場の発展は、このような新規の市場参加者が創出する周縁市場と連携し、包括することで、金融市場が拡大することを意味する。したがって、このような本来の金融市場の外部に位置する、周縁市場としてのモーゲージ市場の金融商品の質の評価が、連携・包括に向けた基準になるはずである。金融商品としての質の適合性と同質性が市場化の条件であり、周縁市場との連携・包括の条件である。これが市場の評価である。しかし、サブプライム市場の問題は劣悪な貸付がリスクの高い金融商品として証券化されただけでなく質の評価を無視して、さらにハイブリッドでかつ複合的な金融商品にまで組み込まれてしまったことにある。

しかし、FRBにとってサブプライム問題は、国内問題としてはあくまでも市場のルールの逸脱行為である。ＦＲＢがとってきた措置は略奪的貸付のような悪質な貸付への禁止であり、このような略奪的貸付と密接に結びついたサブプライム市場そのものの規制ではない。なぜなら証券化のもとでサブプライム市場にこそ、アメリカンドリームの実現の場が提供されているから、そこに延滞や差し押さえというリスクがあっても、それを上回るアメリカ社会を支える規範としての社会的な価値がここにあり、これこそが信用の公平と信用の民主化を体現するものだからである。

⑼ 対応と課題

①二〇〇七年八月三一日ブッシュ大統領の声明の評価

・基本は、〈借り手保護重視〉である。この背景には、サブプライム問題が社会問題化し、政治問題となったことから、議会で頻繁に公聴会が開催されるなど、借り手保護に配慮した施策が必要になった。

・ＦＲＢもこれに連動した施策がとられることになる。

②世界的金融不安への対応

・信用格付け機関、ヘッジファンドへの規制強化を求める声がヨーロッパを中心に強まっているが、現状では具体策をとるのは困難な状況である。

すでに述べたように、アメリカは今後もあくまでも国内問題として、サブプライム問題に対応することになろう。

低・中所得者向けの住宅提供はアメリカにとって重要な課題であり、市場メカニズムを活用した新しい市場政策の推進は、アメリカの基本戦略である。

サブプライム市場の発展は、したがって肯定的に評価されている。これが変わることはないと思われる。

・今回の証券化とグローバリゼーションの問題は、金融市場レベルではプロの業者向の問題である。しかし、今回の金融不安は銀行にも影響が現れ始めている。銀行からリスクを分散した証券化のグローバルな展開が、銀行へのリスクの集中へと回帰するのかどうか注意を要する点であろう。

以上が、中国工商銀行との国際シンポジウムでの報告内容であるが、ここですでに問題提起しておいたように、サブプライム問題は銀行へのリスクの集中を通じて国際的な金融危機へと深化した。サブプライム問題は、証券化市場でのプロの世界での金融不安にとどまらなかった。証券から銀行、そして保険へと金融産業全体へサブプライム問題が波及することになった。つまり、リスク分散を目的とした銀行をはじめとする金融機関が多額の損失を負うことが明らかになり、金融機関へのリスクの回帰が明らかになった。リスク分散を目的として展開されてきた証券化市場から金融機関へのリスクの回帰という新しい金融危機の発現こそが二一世紀型金融危機の構造と問題点なのである。

## 第四節　サブプライム問題の市場危機と貧困問題

二〇〇七年のサブプライム問題に端を発した金融危機は、二一世紀型の金融危機として新たな課題を提起することになった。二一世紀型の金融危機は、これまでの循環的な危機に加えて新たな危機の形態を生み出した。グローバリゼーションといわれる国際的な金融市場優位の構造のもとで、国際的な資金移動はヘッジファンドによる国際的な金融危機の引き金であり、主役でもあった。しかし、アメリカの金融当局は、グリーンスパンFRB前議長が主張するように、ヘッジファンドを市場の撹乱要因ではなく市場規律の是正要因と捉えている。しかし、国際的な金融市場の資金移動の主役としてのヘッジファンドが、サブプライム問題における証券化市場では、その不安定化を作り出した主役であり、証券化商品へ投資をした主要因である。証券化市場の形成において、銀行を中心とする金融機関が証券化市場の形成、促進、展開の各局面において重要な役割を果したということは、これまでの証券化の延長に位置するものである。しかし、今回の金融危機の根底にあるバブルの生成と崩壊のプロセスは、確かに二一世紀型の金融問題を提起している。

証券化市場での主役はヘッジファンドである。生成と促進の役割を担ったのは、格付け機関である。これが、いまや証券化市場での不安定要因となっている。

サブプライム市場の崩壊は住宅ブームの崩壊によって起こったもので、基本的には資産価格の崩壊という面では古典的なバブルの崩壊にすぎない。しかし、今回のバブルの舞台は住宅市場の消費者金融市場であり、しかもこれまで金融排除されてきたレッドライニング地域の人たちがターゲットとなっている。金融商品の知識に乏しく、金融教育の対象となっている人たちである。ここにアメリカ発の固有の問題がある。

金融排除されてきた人たちがターゲットになっているという意味で、これは新市場経済のもとで新たに起こってきたリバース・レッドライニング（Reverse Redlining：逆レッドライニング）なのである。

二一世紀型金融危機は、このようなかつては福祉国家論で本来は国家が公的資金援助によって救済すべきとしていた人たちを新市場メカニズムのもとで市場領域に再編成し、自助努力を強いた結果でもある。アメリカ型の市場経済による社会福祉問題の解決が、今回の金融危機の根底にある。

二〇世紀型の福祉国家崩壊の上に推進されてきた市場規律による経済発展の制度設計は、市場経済が生み出してきた貧困問題をあくまでも市場経済メカニズムによって解決するという矛盾の中で組み立てられてきた。つまり、レッドライニングの対象となってきた人たちの差別問題と貧困問題が金融領域では金融排除問題であり、これに対して政府が公的負担を行うことなく、これを市場問題として解決しようとする壮大な社会実験が二一世紀型の金融危機の原因となっている。このように住宅ブームの終息というバブルの崩壊は、それ自体はこれまで述べてきたように古典的なバブル崩壊の再来であるが、サブプライム問題は、このメカニズムの根底に古くて新しい貧困問題を据えたのである。

サブプライム市場で生まれた住宅取得というアメリカンドリームは、実現されてこそ意味がある。しかし、ここで行われたのは返済能力のない人々に過剰な信用供与を行い、この過剰な信用に基づいた自動車ローンやその他のカードローンを通じて、返済能力の限界を越えた消費能力を賦与することで、住宅ブームに支えられた消費ブームと経済発展を作り出したのである。擬制資本に依拠した消費限界を越えた信用メカニズムが、ここでの特徴である。サブプライム問題は住宅部門で貧困問題を解決する二一世紀型の問題提起であったが、市場化と証券化という最新のメカニズムによる貧困問題の解決は新たな危機に直面している。サブプライム問題が提起している二一世紀型の金融危機の構造は多面的である。本稿においても、そのいくつかについて検討を加えたい。しかし、その考察の前提として、市場化と証券化型の福祉金融問題アプローチの意義と限界を強調しておきたい。

サブプライム金融危機は大手金融機関に深刻な打撃を与えつつあり、金融機関が薄外で運用する運用会社との関連もいまでは金融危機の焦点である。証券化市場の混乱が続く中で、金融当局によるグローバルな協調も効果は乏しい。金融市場から実体経済へと経済減速の影響が次第に現実味を増す中で、アメリカ政府とＦＲＢ及び財務省は、国内問題としてのサブプライムへの対処と国際金融市場に対する責任を二つの面において遂行する責務を負うことになった。アメリカが作り出してきた国際的な金融市場優位構造の中で、アメリカ国内の貧困問題に関する福祉金融問題と国際金融市場での証券化市場の金融危機という、いわば両極の問題が、市場化と証券化に主導された二一世紀型金融危機の構造問題なのである。

# 第２章　サブプライム問題と金融不安

坂本　正

〔課題〕

サブプライム問題は、二〇〇七年三月の世界的な株安連鎖の不安以降世界的な金融不安の中心的なテーマとなった。金融不安の拡大の中で、八月三一日にはブッシュ大統領はそれまでの方針を転換し、借り手の救済策を打ち出し、FRBも金利引き下げを視野にいれた準備があることを発表している。アメリカ議会ではこうした一連の動きを受けて、消費者保護を中心とした関連法案の立法作業が活発してきた。アメリカの中・低所得者向の住宅金融の進展はアメリカンドリームの具体化であったが、住宅ブームの終息が借り手の保護を必要とする社会問題を引き起こし、このことが、さらに政治問題の焦点となってきたのである。

このような二〇〇七年の世界的な金融不安の進展は、金融危機への展開過程でもある。その過程は、大きく三つの段階に分けることができる。

〔段階〕

第一段階は、二月の株安の中で三月に明らかになったアメリカの住宅市場の変調である。世界的な株安連鎖の不安の震源としてサブプライム問題が注目を浴びることになった。

第二段階は、それまで限定的とみられていたサブプライム問題が証券化市場で深刻化し、八月の世界的な株安のもとで明確に世界的な金融不安として認識されたことである。

第三段階は、サブプライム問題が証券化市場での金融危機を経由して一〇月末頃から大手金融機関の損失拡大が広がり、金融機関の経営危機へと進展してきたことである。

ここでは、第二段階までの金融不安の進展の経緯とその構造をみていく。なお、情報の整理の必要上、新聞報道を多く利用している。刻々と変化する情勢を伝える資料として紹介しておきたい。『日本経済新聞』紙上ではサブプライム問題をめぐる、三月二〇日から八月三一日までの証券化危機の第二段階まで報告されている。

〔経緯〕

この間の状況について、「激動の一週間、サブプライム問題、連鎖株安揺れる市場」（『日本経済新聞』、二〇〇七年八月一九日）は、証券化市場における信用リスクの連鎖の構造を、〇七年三月一三日のニュー・センチュリー・フィナンシャルの経営危機による株価下落、ヘッジファンドの経営危機、担保証券（RMBS）の大量格下げと指摘している。サブプライムローンを組み込んだ担保証券が証券化市場を根底から揺さぶっているのである。

そこでまず二〇〇七年三月のアメリカにおける住宅市場の変調からみていくことにしよう。ここにその後のサブプライム問題の原型をみることができる。

## 第一節　住宅市場の変調とサブプライム問題

### ⑴ 株価急落とサブプライムローン

住宅市場の弱気が伝えられるとともに、一九九〇年代前半の日本経済との類似性も指摘され始めた。そこで主張されているのは、住宅問題のリスクの長期化である。世界的な株安連鎖とサブプライムローンの関係は、まず住宅市場の悪化そしてサブプライムによる住宅ローンの滞納率の上昇というメカニズムとして把握された。ニューヨーク発の世界的な株価下落の連鎖不安が広がった。原因はニュー・センチュリー・ファイナンシャルの上場廃止による住宅ローン懸念である。

こうして、サブプライムローンによる金融不安の幕開けとなった。では、なぜサブプライムローンによる金融不安が起こったのか。

### ⑵ 信用拡張の構造

信用能力が低い借り手の返済不能と物件の差し押さえが増加する中で、住宅ローン専門金融機関の破綻が増加した。借り手の返済能力限界を超えた与信の拡張を支えたのは、住宅価格の上昇であった。資産価格の上昇が個人向の信用供与の限界を「拡張」したのである。

つまり、住宅価格の値上がり分を担保に借り換えによって返済することでサブプライム市場の発展は支えられ、価格下落とともに返済不能とならざるをえなくなった。

### (3) サブプライム問題の構造

住宅ブームの破綻は、住宅金融の限界領域でローン会社の破綻を引き起こす。その直接の原因は、サブプライム市場での延滞の増加である。住宅ブーム期は、ローン会社を審査の甘さなど利用者の返済能力を超えた与信競争にかりたてた。しかも金利の優遇措置がこの矛盾を覆い隠すことができた。その最大の特徴は、最初の数年の金利を低く抑えることにあった。『日本経済新聞』（二〇〇七年三月一四日夕刊）紙上では、サブプライムローンの特徴について、審査基準が甘いことも指摘されている。しかしこれだけでは、株式市場での住宅市場の部分的な信用不安にすぎない。問題は次の点にあった。

それは、サブプライムローンの証券化であった。サブプライムローンはそのリスクに問題があるにもかかわらず、大量に証券化されたのである。明らかに市場規律の喪失である。証券化がサブプライム市場との連鎖を引き起こしているのである。このように二〇〇七年三月のアメリカ発信用不安の連鎖の中で明らかになってきたのが、アメリカの住宅市場の変調である。この震源となっているサブプライム市場の動向が住宅金融市場全体へ波及するかどうかに関心が集ってきた。サブプライム市場が限定市場であるにもかかわらず、この動向が金融機関の投資姿勢に影響を及ぼすことが懸念されるからである。

こうした問題点についてＦＲＢは、明らかに過少評価をしていた。それは、グリーンスパン前議長についても、バーナンキ（Ben Bernanke）議長についても同様である。サブプライム問題について金融当局は一定の関心を示しながら、なぜか重大視はしておらず、慎重な姿勢を崩していない。

なお、証券化の中で看過できないのは、住宅金融公社の役割である。まず、フレディマックによる住宅ローン債権の買い取りである。しかし、フレディマックは、サブプライムローンの焦げつき増加のもとでサブプライムローンの債権買い取り基準の厳格化を打ち出した。

FRBのバーナンキ議長は、住宅市場の流通市場を公的機関として支えてきたファニーメイ、フレディマックの住宅金融公社二社について連鎖破綻するリスクがあることに懸念を表明し、規制と監督強化の必要を要請した。これまでも問題となってきた住宅公社の経営内容の脆弱性が市場危機の連鎖の中で改めて浮かび上がってきたといえるであろう。

しかし、住宅公社二社がサブプライム問題に果す役割を明確にした点で、バーナンキ議長の発言は注目すべきものである。ここで議長は、政府支援を受ける住宅金融公社が住宅金融市場に占める位置は大きいので、システミックリスクを懸念しつつ、アメリカ住宅金融公社による低所得者層の住宅取得支援の役割を期待している。しかし、サブプライム関連資産の購入は目的外としている。

### (4) 消費者保護の高まり

金融不安が社会問題化すると議会で争点となる。金融機関への規制緩和（市場規律重視）と消費者保護の衝突である。アメリカでは金融自由化の流れの中で金融機関と消費者の利害がしばしば衝突し、消費者保護が重要な論点となってきた。サブプライム問題をめぐる公聴会においても改めて大きな論点となりつつある。

一つは、サブプライム問題の最大の焦点であった略奪的貸付批判である。そしてその批判の矛先は、略奪的貸付の背後に大銀行がいる点にも向けられている。これを受けて、議会の側も略奪的融資規制と消費者保護強化を求めている。金融危機は、サブプライム問題としては、消費者保護強化を軸に法案作成と公聴会が開催されることになった。金融危機対策は、まず消費者保護強化として取り組まれたことに注目しておきたい。

この流れの中でドッド上院銀行委員長は、ＦＲＢバーナンキ議長宛への手紙でサブプライム・モーゲージ貸付の危機の高まりに対して金融当局が何らかの措置をとることを求めた[1]。アメリカ国内の消費者保護の高まりは、サブプライム問題がすでに深刻な社会問題となっていることを示している。ここではＦＲＢは消費者保護の社会的使命を強く求められているのである。

### ⑸ サブプライム融資と住宅ブーム

サブプライム融資が近年のアメリカの住宅ブームを押し上げてきたことが、大きな特徴である。サブプライム融資の延滞率上昇が問題となっていたことについて、二〇〇七年三月の新形 敦氏のレポートは、その事情を次のように伝えている[2]。

そのレポートによれば、サブプライム融資が非伝統的住宅ローンと呼ばれる新しいタイプのローンであること。そして〇五年から急増してきたこと。それを支えた背景に担保価値としての住宅価格の上昇があることが指摘されている。ここでいう非伝統的住宅ローンの特徴は、当初の一定期間内の金利の優遇措置である。この誘導措置によって低所得者層への貸付が急増することになった。しかし、この非伝統的住宅ローンの設計は一定期間の優遇期間（二―三年）終了後に、返済額が急増するという返済ショックというリスクを内包している。これが、サブプライム融資における、延滞率上昇の基本要因である。

### ⑹ 証券化市場の不安定化要因

新央誠一氏は、二〇〇七年二月〜三月の市場分析から、証券化市場において投げ売りが起こる可能性について、サブプライム・モーゲージ証券の発展が、債務担保証券（ＣＤＯ）多数債権プール型資産担保保証券（Asset Backed Security —— ＡＢＳ）への組み入れにあることを指摘した上で、州の違う異なる業者のサブプライム証券化のメザニンＡＢＳを混合したＣＤＯの保有は、今やリスク分散にならず、市場は崩落の寸前にあること、そしてＣＤＯの投げ売りで金融機関が経営危機に陥る市場構造の問題点を明らかにしている。というのも、ＣＤＯの保有者はポートフォリオの中身が分からず投げ売りが始まり、格付け会社がサブプライムのメザニン証券を格下げすると、売れないＣＤＯを抱えた金融機関やファンドには資金凍結の連鎖が始まる可能性が起こるからである。こうしてＣＤＯの投げ売りが続けば、金融機関の経営危機を招くのは明らかである。(3)

このように二〇〇七年三月に金融不安の主役となったサブプライム問題は、この段階ですでに多くの議論がなされていて、その後の金融不安の進展過程からみると、ここに今日検討されている議論の原型が多面的に示されているといってよいであろう。

## 第二節　金融不安への対応

サブプライム問題が引き起こした金融不安は、住宅市場の中のサブプライム市場という限界的な市場を中心とするものであったから、消費者の救済と保護をめぐる社会問題としての側面は強いものの、金融市場においてはまだ一時的な撹乱要因、あるいは変動要因であった。しかし、対策はとられている。次にその経緯をみておこう。

### ⑴　ＦＲＢへの批判と対応

ＦＲＢはサブプライム問題に対する金融政策と社会問題化した消費者保護への責任という二つの課題を担っている。ＦＲＢは、この二つの面からの対応に苦慮することになった。

#### ①　ＦＲＢの役割とサブプライム問題

ＦＲＢに対しては、社会問題化したサブプライム問題への対応が大きな課題とされた。議会では監督当局への批判が集中し、ここではＦＲＢへの批判は監督権限のあり方に向けられることになろう。サブプライム問題によって、ＦＲＢは中央銀行の役割に、本来の金融政策だけではなく、消費者保護という社会問題への責任と、金融機関への監督権限という行政の権限の分担責任をも求められることになった。この論点は、金融制度改革に対するＦＲＢの基本的な役割と権限を改めて提示したものである。

## ② ＦＲＢバーナンキ議長のサブプライム市場認識

しかし、ＦＲＢはサブプライム問題を市場の規模から判断して大きな影響を持つものとは考えていない。この認識を裏づけるように、ＦＲＢバーナンキ議長は二〇〇七年五月の講演ではサブプライム・モーゲージ市場について、その発展過程について詳細な説明をしている。[4] その中で例えば、近年の延滞増大の問題、変動金利モーゲージ（ＡＲＭｓ）の問題点、特に引き受け基準の緩和のもとで二〇〇六年にオリジネートされたサブプライムＡＲＭｓと債務不履行（デフォルト）の関係などに触れている。つまり、サブプライム市場の歴史的な特質や構造上の問題点は十分に把握されている。とはいえ、そこでのバーナンキ議長のサブプライム市場の評価は、問題点を認めた上でサブプライム市場の発展について総じて肯定的である。

このような認識と判断についてＣＮＮによれば、ＦＲＢ議長バーナンキはサブプライム問題について、略奪的貸付への規制やサブプライム問題への一定の対処の必要性は認めたものの、赤ん坊を風呂の水と一緒に流してはならないとの姿勢を示した。議長が強調したのは貸付や手数料の情報公開、悪質な貸付行為の禁止、ガイドラインの提示などの措置である。しかし他方で、議長はサブプライム市場の発展を支えた第二市場、つまり流通市場の発展の意義を強調した。そして、第二市場で貸し手が引き受け基準を緩和した問題点を認めたものの、信用の割り当てという点では、長期的にみると市場の方が規制当局よりも優れていると主張したのである。[5]

これに関しては、『日経金融新聞』（二〇〇七年五月二一日）によると、バーナンキ議長は、サブプライムの延滞は来年に向けて増加するが影響は限定的だとの見通しを示した。

③　ＦＲＢと議会

サブプライムローンの焦げ付きから金融機関への影響も出始めた。ＦＲＢは、略奪的融資への規制強化を求められ、二〇〇七年六月一四日に異例の公聴会開催を急遽決定した。このようにバーナンキ議長は、市場問題としてはサブプライム問題の影響は限定的とみているが、社会問題として略奪的貸付規制への取り組み姿勢をみせている。

その論点の一つは、ＦＲＢが変動金利モーゲージなどの金融商品について、他の機関と協力して、消費者教育を活発に推進していることが上げられる。それに加えてＦＲＢが、これまでＨＯＥＰＡのもとで悪質なモーゲージ貸付禁止の責任を果たしてきたこと。二〇〇一年には頻繁に借り換えをさせるローンフリッピング（Loan Flipping）のような支払いが高くつく貸付を禁止したこと。また、ガイドラインを示してきたことが示された[6]。

これは、二〇〇〇年以降、ＦＲＢによって強調されている消費者への金融教育の強化やＨＯＥＰＡのもとでの不正で悪質なモーゲージ貸付の禁止を改めて強調したもので、新たな事態への対策ではない。しかし、事態が好転しないため、二〇〇七年七月下旬、ＦＲＢバーナンキ議長は、議会の証言でサブプライム問題についてこれまでより踏み込んだ報告を行った。議長は、サブプライム関連の延滞、差し押さえなどが急増していることから、議会ではＦＲＢが金融機関の安易な貸し出しを放置してきたとの批判が強いが、それをかわす意味で消費者保護や情報開示等の姿勢を打ち出した。しかし、規制強化につながる施策は約束しなかった。

この証言については、別の見方もある。それはＦＲＢが消費者保護への責任、借り手保護策を明確にしたことである。つまり、消費者保護を重視した借り手保護への積極的姿勢への転換である。国内の社会問題への対応重視といってよいであろう。実はこの転換には、その前提となったサブプライムへの融資指針の見直しがある。

ＦＲＢは他方で、サブプライムローン問題について、州の監督当局との連携で金融機関の監督強化を打ち出している。特に対象となったのは、変動金利モーゲージの融資指針で、借り手の返済能力の審査を厳格にするとともに、金融機関が金利を見直す際には、最低六〇日前に通知することや、借り換えを検討するのに必要な時間を確保すること、また繰り上げ償還について違約金を取らないことなどを上げている。これは、これまで指摘されていた変動金利モーゲージの問題点を再吟味するものである。その意味では新たな規制案だと評価できよう。

また、バーナンキ議長は、サブプライムローンについて、七月一九日、上院銀行住宅都市委員会で証言し、サブプライム問題が金融機関に一〇〇〇億ドルの損失を与えるほど深刻だとの試算を公表した。このように、一八、一九日のバーナンキＦＲＢ議長の議会証言は、サブプライム問題に集中した。しかし、金融機関の損失には言及したものの、市場に対するＦＲＢの姿勢は従来通りであり、市場規律重視は変わりない。特にヘッジファンドについては流動性供給の役割の方を強調した。

さらに注目すべきことは、ＦＲＢは、ヘッジファンド救済はしないとの立場を表明したことである。これについて、二〇〇七年七月二一日の『日本経済新聞』の社説「留保を要するバーナンキ証言」は、日本では不良債権が銀行に集中したが、アメリカでは証券化でリスクが一部に集中していないことを指摘した上で、住宅ローンの焦げ付きが優良ローンへも拡大していることに注目し、日本で問題が顕在化するのに数年がかかった住宅市場での調整にも注意を喚起した。しかし、数年はかからなかった。確かにリスクは一点に集中しているのではなく分散しているのだが、証券化市場の破綻から金融機関へリスクが回帰することで、金融不安が再燃することになる。まさにこれは、世界的な金融不安への予兆なのである。

④従来型金融政策の誤算

ＦＲＢのこの従来型金融政策は、八月の金融不安後にも厳しく検証される。それは、ＦＲＢが国内での金融緩和による流動性の供給、あるいは住宅ローンの借り手救済しか対策が取れていないためだ。問題は証券化されたサブプライム問題にどのような対策が取れるかだ。金融政策は金融危機下で特別に市場危機回避策がとれるわけではない。そのことは、証券化市場の破綻に対してはなおのこと有効な対策を打てないことを意味する。

## 第三節　サブプライム市場の発展と構造

世界的な金融不安の原因となったサブプライム問題であるが、アメリカ国内においてはモーゲージ市場の展開の中で近年現れてきた限界的な市場にすぎない。では、サブプライム市場とはどのような市場なのか。まず、モーゲージ市場の特徴からみていくことにしよう。

### (1) モーゲージ市場発展における流通市場の役割と課題

一九八〇年代のモーゲージ市場の拡大にとって課題は第二市場拡大の促進であった。そのためにモーゲージ市場の第二市場拡大に向けた法整備が求められた。その公聴会では、アメリカ銀行協会は規制緩和の進展と預金金融機関の役割の変化のもと第二市場の重要性が増すことになるから、市場参加者が新しく魅力的なモーゲージ担保証券を自由に作り出す必要性などが、論じられた。[7] 第二市場への参加者の規制緩和とモーゲージ担保証券の拡大の流動化が政策課題となったのである。

アメリカの証券化についての、国際金融情報センターのレポート、『欧米における金融の証券化について』（一九八六年一二月）も流通市場の法整備とその意義について次の点を強調している。[8]

重要な点は、一九八四年のモーゲージ二次市場拡大法（The Secondary Mortgage Market Enhancement Act）の制定である。この法律には市場に参加できる金融機関への規制緩和と市場参加を奨励する条項、政府機関のこれまで以外のモーゲージへの新たなアクセスの拡大などが盛り込まれていることである。

一九八〇年代の第二市場で民間部門の発展がアメリカの証券化の原動力となった。一九八〇年代、当時のモーゲージ二次市場の最大のプレーヤーは貯蓄金融機関で、次いでモーゲージ・バンカーであった。証券化の主役は貯蓄金融機関、住宅建設業者、商業銀行であるが、仲介業者であるコンデュイット（conduit）が急成長している。

以上がこのレポートが描き出した一九八〇年代初期のモーゲージ市場の第二市場発展の特徴である。

しかし、このレポートの注目すべき点は、この段階でリスクの分散という証券化の特徴とメリットについて、すでに問題点を次のように指摘していることであろう。

証券化の特質はリスクの多方面への分散と小口化である。しかし、このリスクの分散はマクロ的なリスク管理を行ってきた金融システムでは逆にリスク管理が困難になる要因をもたらすことになろう。これが今後行政面で検討が必要となる点である。

この問題は、グローバルの進展でさらに大きな課題をもたらすことになる。

問題となるのは、証券化と金融のグローバル化、金融革新が猛スピードで進行していることで、今後金融システム健全性とその維持、金融政策の有効的な手段の再検討が必要ではないか、という点である。

この危惧は、二〇〇七年のサブプライム問題としてまさにグローバルな金融危機の中で現実のものとなったというべきであろう。

井村進哉中央大学教授は、その後の証券化による住宅金融市場の構造変化について第二市場に焦点をあてながら、次の点を指摘されている。(9)

そこで強調されているのは、証券化に伴う第二市場での公的部門の役割である。ここでいう公的部門の役割とは、ファニーメイやフレディマックの連邦政府関連機関によるモーゲージ・ローン債権の買い取り機能のことである。なぜなら証券化の推進には新規ローン債権だけでなく、金融機関保有の在庫ローンの買い取りが必要で、それを大規模に行えるのは、ファニーメイやフレディマックのような連邦政府関連機関ではじめて可能になるからである。

証券化を支える公的部門の役割は極めて大きく、これがアメリカの証券化進展の特徴である。そしてこの証券化を通じて、住宅金融市場は全国市場へのさらなる発展をとげるのである。

井村教授によれば、証券化によって、それまで貯蓄貸付組合を中心とした分散的でローカルな市場であった住宅モーゲージ市場が、ファニーメイやフレディマックによるモーゲージ買い取りを通じてウォール街の投資銀行、証券会社を連携させ、全国規模で機関投資家に分売されるシステムが形成されることになった。ローカル市場と資本市場の統合である。

アメリカの証券化について井村教授は、もう一つの特質を次のように指摘される。「アメリカでは、激しい金利変動と資金移動にともなうリスクを緩和する体制として証券化が進展してきたという意味で、金利変動リスク、資金移動リスク対応型の証券化政策である」と。では、住宅金融政策の福祉的な側面はどうか。

井村教授が注目されるのは、住宅金融政策の重点が社会政策的な融資・保険プログラムから市場全体をカバーする証券化プログラムへとシフトしたことである。これによって、ファニーメイ、フレディマックのような公的金融機関による市場サポート機能が肥大化することになった。他方で、これらの公的金融機関が、低所得者向け、コミュニティ向けの金融プログラムを拡大していることにも言及されている。

これは希薄化された形とはいえ、ここにも福祉金融への公的な補完的な役割がみて取れる。問題は、この金融の本流としての住宅金融の枠外に展開されてきた周縁市場において、福祉金融の公的役割の希薄化のもとで、証券化の進展とともにサブプライム市場が発展してきたことであろう。

### ⑵ サブプライム市場の証券化構造

このようなモーゲージ市場の発展の中で、一九九四年頃から住宅金融市場の新たな領域としてサブプライム市場が発展してくる。この特質を、①役割と意義、②保護政策からの転換、③資本市場の影響、④サブプライム貸付の証券化、⑤証券化と公的金融機関の観点からみていこう。

①　役割と意義

ＦＲＢのグラムリッチ理事（Edward M. Gramlich）は、サブプライム市場の発展について、基本的には、一九五〇年代からのモーゲージ市場の発展から生まれたもので、多くの問題があるにせよ新しい型のサブプライム市場が一九五〇年代には住宅を所有できなかった人々に住宅所有の機会を与えることができるようになったと位置づけている。[10] これはアメリカンドリームの実現に向けた条件整備としての新たな市場形成を意味している。

②　保護政策からの転換

サブプライム・モーゲージ市場発展の背景として上げられるのは、低所得者への金利面での保護政策の転換である。高金利制限が市場からの排除だとすれば、市場への取り込みとは、市場原理のリスクに見合った金利を設定することである。それが、一九八〇年預金機関規制緩和および通貨量管理法（Depository Institutions Deregulatory and Monetary Control Act of ; 1980）による第一次先取モーゲージへの高利制限法（Usury Laws）の廃止である。

高利制限法は、本来は消費者を高金利から保護するものであったが、中・低所得の借り手は結局そのために信用市場から締め出されることになった。しかし今やこの廃止によって、モーゲージの貸し手は信用力の低い借り手に対しても支払い能力があれば高い金利で貸付をすることができるようになった。[11]市場原理による中・低所得者層の組み入れである。

③ 資本市場の影響

サブプライム・モーゲージ市場の発展には資本市場の影響が大きい。

一九九〇年代までのサブプライム市場の発展は、民間のウォール街の機関がサブプライム市場で証券化を進め、新規の巨額な資金が導入されたことにある。しかしここでは、監視されないサブプライム・モーゲージ貸し手が膨大な融資をつけることになった。つまり、最近の問題の多くは、この貸し手に対する注意深い監視が欠落したために起こったのである。[12]

④ サブプライム貸付の証券化

しかし、サブプライム市場がモーゲージ市場のプライム市場と決定的に違うのは、ＧＳＥｓと呼ばれる政府支援企業体が、サブプライム市場ではプライム市場でのように大きな役割を果たさなかったとの指摘がある。多くのサブプライム・モーゲージは、ＧＳＥｓであるファニーメイとフレディマックの引受基準を満たしていないので、ＧＳＥｓはサブプライム市場で自動的にサブプライム貸付を買うということをしていない。プライム市場ではＧＳＥｓが二〇年前に持ち込んだ証券化の過程で大手金融機関も仕組みを学び、新しい水準へと展開を遂げた。そして、サブプライム市場ではＧＳＥｓが大きな役割を果たさないままに、大手の貸付業者や金融仲介機関が、リスク別の証券化を進めてきたのである。そして証券化されたことで、ヘッジファンドへ売られ、ＣＤＯと呼ばれる仕組み金融証券にまで組み込まれることになった。この金融複合物では投資家は、貸付の割合は分別がつかず、リスクはコンピュータで計算され、拡散されてしまう。[13]

この指摘にあるように、サブプライム貸付の証券化は、同じ証券化の形態をとりながら、ＧＳＥｓが証券化の過程で決定的な役割を果たしていないことに大きな問題点がある。[14]

これが、サブプライム市場というアメリカの限定的な住宅の消費者金融市場からグローバルへ展開する証券化の基本構造である。しかし、サブプライム市場の実態についてはいま少し説明が必要であろう。

⑤　証券化と公的金融機関

二〇〇四年五月にグラムリッチ理事はサブプライム・モーゲージ貸付について詳細な説明をしている。[15]この分析は現在のサブプライム貸付の証券化における公的金融機関の役割と問題点を的確に指摘したものになっている。

グラムリッチ理事によれば、一九九〇年代の金融発展の鍵の一つがサブプライム・モーゲージ貸付の登場と急激な成長であった。これによって、これまで信用を供与されなかった消費者へも信用供与が進められることになった。つまり、サブプライム・モーゲージ信用は持ち家所有を可能にしたのである。しかし、その反面、延滞の増加、差し押さえ、不正な貸付が問題となってきた。

グラムリッチ理事はそれを促進してきた、連邦政府による法の整備と一九七七年に成立した地域再投資法、それにその後の修正による、中・低所得者層への貸付の増大を促進させる連邦政府による支援措置に言及し、それによって、サブプライム貸付が増大した背景を説明している。また、連邦住宅局がモーゲージ保証基準を緩和することで、市場競争によるサブプライム市場での利子率低下が行われたことも挙げている。

しかし、ここで注意すべきことはGSEsの新たな役割である。グラムリッチ理事は、ファニーメイとフレディマックがサブプライム・モーゲージ市場のリスクの低い分野にも新たに進出したことに注目する。

ファニーメイとフレディマックは第二次市場の巨大な購入者であるだけに、このことでサブプライム・モーゲージの買い手を新たに掘り起こすことになった。そしてサブプライム市場での引受けの拡大を通して市場のコストを大幅に引き下げる革新をもたらした。

ファニーメイ、フレディマックがサブプライム・モーゲージ市場に進出したことが、サブプライム市場の市場基盤を整備する契機であった。グラムリッチ理事は、ここでこの両公社が一定範囲内での抑制的な影響力を行使することを期待する論述を行っているが、結果的には民間主導のサブプライム市場の急成長が、公的金融機関の支持によって、その発展をさらに保証することになったのである。そして、二〇〇四年頃からのサブプライム市場の発展が、今日のサブプライム問題と金融不安の原因を作り出すことにもなったのである。

## 第四節　金融不安の構造と展開

〔課題〕

二〇〇七年の金融不安の第二段階は、証券化市場の不安定化という金融不安の新たな事態に直面することになったが、世界的な金融市場の動向からはまだ限定的とみられていた。ここでは三点を指摘しておこう。

一、金融不安はまだ限定的という見解が主流であった。投資のグローバリゼーションを前提にして証券化のもとで危機となっているのは証券化市場で、証券化商品の受け皿となっているのはファンドであったから、議論の中心はファンド危機に限定されていた。したがって、金融システムは不安定だが、銀行システムは健全に機能している。アメリカの住宅市場においては、問題は大手住宅ローン会社の経営危機にとどまっている。

二、二〇〇七年八月世界的な金融不安が広がった。サブプライム問題が金融不安として認識されるようになったのである。その特徴は、①ヨーロッパから始まる金融不安であったことである。②そのためにヨーロッパの金融機関のリスク管理の甘さが指摘された。③これに対してアメリカの金融機関の被害は少ないとの認識が強かった。アメリカ発の世界的な金融不安でありながら、アメリカへの影響が重大視されなかったのは、住宅問題を除けば、アメリカ経済はまだ順調だという楽観論と、証券化問題についてはアメリカの金融機関は金融商品化に精通しており、リスク管理能力が高いとの認識に基づいてのことである。

三、証券化市場における不安定化が金融不安の中心となった。そこで、①格付け機関の役割と評価が検討課題となった。②CDOの組成と問題点が問題とされた。証券化市場の実態として、このような金融不安の構造のもとで、金融不安は金融危機へと進展することになる。そして金融危機は、金融機関へのリスクの回帰と危機の連鎖として広がりをみせることになるのである。

(1) 金融不安の構造と転換

アメリカの住宅ブームの沈静化は実体経済の構造転換であったが、サブプライム問題を契機に世界経済も大きな構造転換を迎えることになった。二〇〇六年七月一九日にFRBのバーナンキ議長は景気の変わり目に言及したが、その背景にあったのが住宅着工件数の減少化である。アメリカの景気動向について、『日本経済新聞』「米景気減るか軟着陸　上」（二〇〇六年七月二五日）で、金利の上昇、住宅バブル、構造転換の三点が報じられた。構造転換では、個人消費依存型のアメリカ経済転換の可能性も示唆されている。

(2) 金融不安の推移と構造

金融不安はヨーロッパにおいて深刻に受けとめられたが、アメリカではむしろ金融機関の健全性と経済の安定性を強調する論調の方が強い。アメリカで深刻に議論されるのは消費者保護に関することである。しかしその推移の中に金融不安の深化の過程があるのである。

①サブプライム市場の延滞危機の予想

延滞危機の予想も次第に強くなってきた。特に変動金利モーゲージ（ＡＲＭ）が低金利から変動金利へと移行する二〇〇七年から〇九年が延滞危機となる。当初五年ほどが利子だけ支払うインタレスト・オンリー（Interest-Only――ＩＯ）型の元本支払いが始まるのが〇八年から一一年。これがサブプライム市場での延滞危機になるのは明確だ。経済全体への影響も深刻になる。

②証券化と投資のグローバル化

投資のグローバル化は、個人向け住宅ローンを証券化した住宅ローン担保証券（Residential Mortgage-Backed Security――ＲＭＢＳ）をプロの投資家であるヘッジファンドが購入することで、焦げ付きローンの一部リスクを転嫁する形で進められた。

高いリスクに見合う高利回りとは、住宅金融の消費者市場での焦げ付きが投資のグローバル化のもとで、高利回りの金融商品化したということである。

③世界的な連鎖の不安とヨーロッパの金融不安

アメリカのサブプライムローン問題がヨーロッパに飛び火した端緒となったのは、フランスのＢＮＰパリバ・グループがサブプライムローン債権を担保とする資産担保証券（Asset Backed Security――

ABS）組み入れファンドの解約停止の発表であった。ABSの流通市場が機能せず、サブプライム関連金融商品の市場での信頼は喪失し、ヨーロッパ市場で証券化市場への信用不安が一挙に表面化したのである。

④ 住宅公社と救済案

アメリカ議会では、国際的な金融不安の中でサブプライム問題をめぐる救済策が検討され始めた。連邦資金を投入した救済基金案や、連邦住宅公社監督局（Office of Federal Housing Enterprise Oversight――OFHEO）に住宅関連資産保有額の一時引き上げ案が提案され、公的面からの支援策のほか、ファニーメイやフレディマックも、住宅ローン債権買い取り額を引き上げる方針を打ち出した。これには市場安定化を疑問視する声や住宅金融公社肥大化の懸念もある。

⑤ 住宅ローン会社の経営危機

サブプライム問題で肝心の二次市場での流動性低下が明らかになった。金融機関の貸し渋りやローン債権転売が困難になる資金調達難が経営危機を招くのである。

⑥ 投資減退の動き

アメリカでは高リスク投資への意欲が強く、これが市場型経済の発展を支えてきたが、住宅ローン担保証券（RMBS）の市場の悪化で、投資家の意欲も一挙に減退することになった。

⑦銀行への影響ルート

一九八〇年代の日本の銀行危機と比較して、今回の金融危機は証券化の展開の中で起こっているので、銀行システムの危機とは直結しにくいとの意見もあるが、ヘッジファンドに資金を出しているのは銀行なので、銀行を含み、リスク不安は残っている。しかし、現実には証券化によって、銀行は逆にファンドへの融資ルートから深刻な影響を受けることになる。

⑧金融システムの不安定化構造

サブプライムローンを基礎にした証券化商品を銀行が幅広く保有していることも、問題視され始めた。「銀行システムは健全だが、金融システムは不安定」という表現もされている。[16] 金融システムの不安定化の中で銀行システムがいつまで健全であるかが問われるのである。

⑨住宅ローン市場の動揺

アメリカの住宅ローン市場では、信用力の高いプライムローンでも延滞の増加へと、延滞の連鎖が波及し始め、プライムローンとサブプライムローンの中間に位置する、オルタナティブＡ（オルトＡ）の延滞率も当然増加しているので、波及は全体に及びつつある。特にサブプライムローンは二〇〇四年頃から急増し、住宅ローンでの実行額の中で、〇三年の八％から〇六年の二〇％へと急増しているだけに、住宅ブームに連動した影響は特に大きい。

⑩ 銀行とホーム・エクイティー・ローン

サブプライムローンの延滞率が問題となっているが、特に大きな影響を与えているのは、ホーム・エクイティー・ローン（Home Equity Loan――ＨＥＬ）である。これは、住宅価格の上昇部分を担保に消費に資金を回せる仕組みで、住宅ブーム時には有利だが、価格下落が始まると担保価値は下落し、たちまち支払い困難に陥ることになった。

⑪ 審査基準厳格化の波紋

住宅不況とサブプライム問題の深刻化で、ＦＲＢは個人救済措置策が一つの課題となり、その一つとして住宅ローンの審査基準を厳格化する方針を打ち出した。これは、特にＡＲＭへの批判に対応したものだが、金融機関側は債権回収を急ぎ、住宅の差し押さえが急増するという事態も招いていると報告されている。

⑫ 楽観的心理説の背景

サブプライム問題については、なお楽観説も根強い。それは、一九九〇年代に比べると金融機関の財務体質は健全なので、価格下落は心理的要因によるところが大きく、このことが金融機関への金融不安にはつながらないという意見だ。こうした見解は、金融機関と証券化商品の市場連鎖の関係を考慮しない典型例であろう。

⑬ ヘッジファンドへの打撃

金融機関の財務体質の健全化が強調される一方で、証券化市場でのヘッジファンドの運用成績は急速に悪化しており、この面から金融機関への悪影響が論じられるようになった。特にサブプライムローンなどを組み込んだ合成債務担保証券（ＣＤＯ）は流動性に乏しく、レバレッジがきかないだけに、市場での信頼喪失に拍車がかかっている。

以上の状況把握は、サブプライム市場の延滞危機が引き金となって、世界的な金融危機の連鎖が起こっている状況下で、住宅市場での証券化とグローバル化の関連を指摘したものである。ここですでにグローバルな証券化による金融危機が、ヘッジファンドに資金を供給している銀行への経営危機を孕んでいること、そして住宅市場での銀行とホーム・エクイティー・ローンの密接な関連こそが、住宅市場での資産価格の上昇見込みに支えられた銀行の融資行動で、サブプライム市場の金融危機と直接に連動しているのに注意を喚起しておきたい。他方ＦＲＢによる住宅ローンの審査基準の厳格化に加えて、議会で消費者保護の観点から救済策として連邦住宅公社監督局や、住宅金融公社であるファニーメイ、フレディマックによる支援策の活用がうち出されてきた。この一連の消費者保護＝救済策は、アメリカの証券化システムを事実上の政府信用という公的信用として支えてきた住宅金融公社が、政府による直接的な救済＝支援にかわって、新たに証券化危機への救済＝支援機能を、あくまでも、市場での公的な企業活動として代替することを意味する。これは市場での危機対応によって、住宅金融公社のさらなる経営悪化を促進するものである。サブプライム危機は消費者保護＝救済策の強化によって、証券化メカニズムの基軸的な信用保証機関である住宅金融公社そのものの存立を脅かす事態へと突き進むことになったのである。

## 第五節　金融不安の問題点

金融不安の構造と問題点は、二〇〇七年八月の世界的な金融不安問題として取り上げられてきた。まず、その基本構造からみておこう。

### ⑴ サブプライム危機の基本構造と課題

二〇〇七年八月に起こった世界的な金融不安の構造を的確に分析し、問題点を摘出されたのは『日本経済新聞』「経済教室」での国際公共政策センター理事長田中直毅氏の論稿（二〇〇七年八月二一日）である。

田中氏はここでサブプライム問題について、サブプライムローン組成そのものが、これまで称揚されてきた金融革新とは無縁であり、それは単に住宅価格の上昇に支えられた虚構であったこと、そしてそれは二〇〇六年組成の破綻ですでに明らかであると指摘している。しかし、さらに二つの点に注目されている。それは、サブプライムローンが従来の与信の限界を超える形で供与されていること、他方でFRBそれ自体がこのようなサブプライムローンの問題点に無自覚であったことである。そして、このシステムのもとでこれまで強調されてきたリスクの分散による経済の安定が、今や一転して投資家の解約による金融不安と経済の不安定化を引き起こしていることに注意を喚起され、今回の金融危機を「二一世紀型の新しい危機」と規定された。

次にこの新しい型のサブプライム危機の諸要因について見ておくことにしたい。

⑵　サブプライムの危機の要因

①　証券化商品のリスク拡大

サブプライム問題と証券化に関して、証券化市場の危機はサブプライムローン担保証券が大量に格下げされたことが原因とされている。その内容について、サブプライムローンの八割が証券化商品としての住宅ローン証券に組み込まれ、さらに再証券化された金融証券となっているとも言われる。サブプライム問題は証券化市場の危機と直結した構造となっているのである。

②　サブプライムローンの問題点

サブプライムローンは、住宅ブームの二〇〇四年頃から低所得者層を中心に急速に普及し始めた。中小の銀行や専門のローン会社が主としてローンを増加させた。しかし、問題はこの普及したローンの特徴が、価格が下落するとたちまち返済が困難になる、変動金利型であったことである。

③　サブプライム問題の潜在的リスク

サブプライム問題を契機に、証券化市場でオルタナティブAなどを組み込んだ証券化商品の下落が始まった。これによって、証券化商品全般の価格下落のリスクとともに、証券化されていないサブプライムローンの残高やホーム・エクイティー・ローンなどが不良債権化して銀行への潜在的リスクとなる懸念がある。「一兆三千億ドルのサブプライムだけなら影響は限定的だ。しかし、その先に一〇兆ドル規模の米住宅ローンの市場が広がる。すべてが失われるわけではないものの、潜むリスクの大きさに金融機関は立ちすくんでいる[16]」。

④ 金融バブルの崩壊

サブプライム問題は、住宅ブーム崩壊からくる典型的な金融バブルの崩壊といえるが、今回の特徴は、リスクの高い住宅ローンが、金融技術の進展で証券化され、細分化されて流通したことにある。また、グリーンスパン前議長が住宅バブルを承知した上で行った、金融緩和政策の問題も指摘されている。

しかし、グリーンスパン前議長はバブルに対する金融当局の政策ミスは認めていないし、今回の証券化市場の危機の深刻さは認めながら、ヘッジファンドの規則については、その効果よりも、その後の市場機能の修正機能の弱体化のほうに懸念を示しているようにみえる。この点が基本的な問題であろう。

⑤ 証券化市場の不安定化問題

証券化市場の不安定化については、証券化商品への不安が拡大する中、証券化市場では、今回の証券化商品の代表ともいえるCDOの特性と、金融技術を駆使した、この新型商品の問題点に注目が集まりつつある。と同時に、他方で証券化市場での格付け問題が浮上している。原因は格付け機関による大量の格下げである。アメリカ議会は格付け規制を検討し、金融当局の監視問題も政治課題となりつつある。この市場の不安定化は拡大するばかりで、有効な対策も打てないが、この証券化市場危機の構造は、証券化の金融技術によるリスクの分散とグローバル化にあることは明らかである。

このように、この時点で金融不安に対する証券化市場の論点は絞られている。一つは、証券化市場で客観的な指標としての役割を果たすはずであった格付け機関の役割についての再点検であり、再評価である。こうした問題は、証券化市場において①格付け機関が商品設計に深く関与することで証券化を支援するという複雑な証券化段階に入っていること。②格付け機関を市場の評価判断基準にすることが困難である状況を反映したものである。

もう一つは、ヘッジファンド問題である。ヘッジファンドは証券化市場で資産運用の主役であるが、いまは金融不安の主役である。ヘッジファンドの証券化商品への過大投資が、証券化市場の金融不安を引き起こした。ただ、これまでに指摘してきたように、前ＦＲＢ議長のグリーンスパンは、市場でリスクをとるヘッジファンドが、市場の流動性と金融市場の効率化に重要な役割を果たしてきたと高く評価している。この金融当局の姿勢がどのように転換できるのか、これが課題となろう。

第三は、証券化のリスク問題である。アメリカ発のサブプライム問題が証券化によって、ヨーロッパに波及したことについて、ヨーロッパの金融機関のリスク管理の甘さが指摘されている。ただ問題は、先端金融技術のリスク抑制が困難であることにある。つまり、住宅ブームとそれに基づくホーム・エクイティーの上昇を背景に組み立てられた金融モデルのもとで、金利変更型モーゲージ（ハイブリッドな変動金利モーゲージ）貸付などにみられるハイブリッドな金融加工物が、借り手の返済能力を無視した信用供与と信用拡大を可能にしてきた。この借り手の返済能力の限界を一時的に引き延ばす効果が成長モデルを基本にした証券化モデルの特徴であったのである。この証券化の国際的連鎖のもとで、サブプライム問題は、「米国の最終需要を頼みにした世界経済成長モデルの危うさを示すもの」[17]なのである。

では、なぜ変動金利モーゲージが問題なのか。変動金利モーゲージ(adjustable rate mortgage――ARMs)は、サブプライム市場での社会問題化の焦点となっている。特に最初の固定金利を消費者の気をひく(teaser)低金利におさえる変動金利モーゲージは、内容的に金利変動型モーゲージというべきものである。特に低金利が二年あるいは三年のあと金利が変動金利となる三〇年物のARMsは、低金利の期間を変動金利の期間と区分して業界用語では略して二/二八、三/二七と呼ばれ、二〇〇八年には支払いが困難となる支払いショックを引き起こすことから、社会的な救済が政治課題となりつつある。

ARMsによる、住宅の差し押さえについては、二〇〇四年から二〇〇五年の貸し出し競争が信用調査もない、過剰融資によって引き起こされた事例が報告されている。貸し出し競争は、二〇〇四年から二〇〇五年にかけて起こった。金利が途中から跳ね上がることは、分かっていたのに、多くの借り手があったのは、不動産価格の上昇がこれに続くと信じていたためである。これは、ホーム・エクイティーの上昇を前提にしたARMsの利用をしたものの、不動産価格の下落で金利の支払いが跳ね上がり、支払いができなくなる支払いショックの典型例である。さらに、サブプライム問題には差別的融資問題がつきまとっている。これに関して調査も開始された。

以上はARMsによる差し押さえに至る消費者被害の実態報告であるが、これまでの消費者保護の課題がサブプライム問題で改めて深刻な社会問題として問われることになったのである。そこで、次にＡＲＭｓについての問題点を若干考察することにしよう。

## ⑥ＡＲＭｓの普及と課題

ではなぜ、このように、ＡＲＭｓが問題となるのか。変動金利モーゲージ（ＡＲＭｓ）の普及について簡単にみておこう。

一九八〇年代のニューヨーク連銀の分析では、ＡＲＭｓの普及が認められた一九八一年以降、ＡＲＭｓが新規のモーゲージ市場でのシェアを拡大させているものの、まだ住宅購入の高い誘因とはなっていないことが論述されている。[18]

また、別のニューヨーク連銀の論文では、変動金利モーゲージ（ＡＲＭｓ）が一九七〇年代には普及せず一九八〇年代初めに普及したこと。これはイギリス、カナダですでにみられるもので、アメリカが開発したものではないこと。ＡＲＭｓは借り手にとっての魅力として支払いの後半では金利が増加するものの、固定金利モーゲージよりも当初は金利が低いことを上げている。ＡＲＭｓは住宅需要に影響を与えるという理論的議論はあるもののまだ現実にはその効果は小さいとしている。[19] また、[20] モーゲージ証券化のテキストではＡＲＭについて普及、特徴、課題、問題点が次のように整理されている。

普及は、一九八〇年代後半からで、これは貯蓄貸付組合（Ｓ＆Ｌ）や相互貯蓄銀行などの、貯蓄金融機関の積極的な売り込みの結果である。

特徴は金利見直しの頻度で、通常は一年であるが、他に三年、五年といったものもみられる。

課題は流通市場の発達が阻害されていることである。流通市場が限定的なため、需給関係で貸出条件に地域差が表れてしまう。また、リスク面では貯蓄金融機関の競争の結果、貸出し方針は金利リスクよりも信用リスクへとシフトしている。

もう一つの大きな問題は、金利上昇によって月次返済額が増大することで借り手の返済能力を超えてしまうことである。低額所得者層は、当初が低金利であるために借金できたが、金利上昇によって返済が困難になる。他方で高額のモーゲージの借り入れを行っている高額所得者にとっても返済困難な環境がうまれる。

このように、ARMはその仕組みから金利上昇によって延滞やデフォルトさえ起こる可能性を持つものである。

ARMの初期の競争の激化から当初の金利が極端に低く設定されたことがあった。そのため、当初の金利が低すぎるため、第一回目の金利見直し後に金利が急激に上昇し、デフォルト率を異常なまでに引き上げる可能性がある。この潜在的なリスクが最大の問題点である。

このようにARMは新しいモーゲージ貸付であるが、証券化のテキストで指摘されているように、本来証券化には困難を伴うものであった。

また、現実にその適用にあたっては当初から議会の公聴会においても議論が重ねられてきた。

〔証券化について〕

ARMの証券化にはまず、標準化されたモーゲージがないことが問題であった。そこでARMの市場化と証券化のためには首尾一貫した格付け基準の作成が必要となる。[21]

〔格付け機関とＡＲＭリスク〕

格付け機関はＡＲＭ固有のリスクを見極めるため、五種類のリスクの評価を重視した。①返済額ショック（Payment Shock）、②負の返済（Negative Amortization）、③エクイティー・ショック（Equity Shock）④スプレッドとサービシングのリスク（Spread and Servicing Risk）、⑤法制上のリスク（Legal Risk）である(22)。

〔返済額ショック〕

この中で返済額ショックが最も広く知られているリスクである。格付け機関が最も注目しているリスクは、この返済額増加がいつ発生するかという予測が極めて困難なことである(23)。

以上のように、ＡＲＭｓは新しいモーゲージ金融手段であるが、ここで証券化に不適格な面がすでに指摘されているように、改善すべき課題があった。しかし、二〇〇四年頃からはこの最も不適格な面が表面化する形でサブプライム市場発展の主役となったのである。

〔財務省とサブプライム問題の現状認識〕

ポールソン（Henry M. Paulson, Jr）財務省長官は、二〇〇七年一〇月一六日にジョージタウン大学で、現在の住宅市場とモーゲージ市場の発展について比較的長い講演をしたが、その冒頭で次のように述べた。①八年にわたる住宅価格の上昇が住宅問題の根底にあること。②住宅価格の上昇の原因として金融緩和による資金供給が投機資金になったこと。③二〇〇〇年から二〇〇五年にかけて二軒目の住宅所有の購買活動が倍増したこと。④モーゲージの貸し手、投資家が高い収益を得ることになり、引受基準の引き下げとリスクの高いモーゲージ商品の保証が急増したこと。⑤二〇〇四年に住宅需要が低下し始めると、オリジネーターは、モーゲージオリジネーションの量を確保するために、さらに引受基準を引き下げた。⑥金利変動モーゲージ（ＡＲＭｓ）は近年急増し、二〇〇五年と二〇〇六年にモーゲージオリジネーションの約四分の一はＡＲＭｓとなり、リスクはより高くなった。⑦サブプライム貸付において貸付基準の引き下げが特に特に顕著であること、ＡＲＭｓの相当数がサブプライムの借り手に売られたこと。その結果、サブプライム・モーゲージの債務不履行の割合が漸進的に高くなっていること。[24]

このポールソン財務長官の分析は、この間のサブプライム問題の現状認識を的確に示している。ＡＲＭｓの証券化の影響の大きさと深刻さが容易にうかがえるが、問題は金融緩和と資金需要増大の中で、サブプライム市場での貸付基準が引き下げられ、返済額ショックのリスクが一番大きい低額所得者層にＡＲＭｓが相当の割合で売られ続けたことである。そのことがサブプライム・モーゲージの債務不履行の急増を引き起こし、サブプライム問題という金融危機の直接の引き金となった。

金融当局は、この金融危機に至るサブプライム市場での証券化のプロセスの中で、本来、どのように対処すべきであったのか。これが今後の政策的な緊急の課題につながる問題である。

⑦ブッシュ大統領のサブプライム対策と政策転換

二〇〇七年八月三一日、ブッシュ大統領がサブプライム対策を発表した。[25] しかしそれは限定的なものであると大統領は述べている。[26] その背景としては、借金返済に困っている住宅保有者に対する対策を民主党の有力者が強く求めており、低・中所得者層の住宅金融問題が、社会問題から次第に政治問題へと転化したことに対して、大統領が政治的選択を迫られたものである。この対策の特徴は政策として、借り手の救済を打ち出したことであり、それは共和党の政策方針を転換することを意味するものだからである。

しかし、この対策の効果はまだ不確定である。とはいえ、これはブッシュ政権にとっての借り手保護＝救済に向けた第一歩である。

このように、二〇〇七年の金融不安の進行のもとで、サブプライム問題の緊急の対策は、住宅所有者への保護という消費者問題への対応としてとられることになった。これまでも、金融の規制緩和を軸とする金融改革の対極には、消費者保護問題があったが、金融不安の状況では、まず消費者保護が政策課題となることに注目しておきたい。

# 第３章　消費者保護とサブプライム問題

坂本　正

## 第一節　金融危機とサブプライム市場の消費者保護

サブプライム問題は、住宅金融において、中・低所得者層の信用力の乏しい人々への信用供与の進出という新しい消費者金融の形態が証券化によって部分市場から全国市場へ、そして国際金融市場へとグローバルに展開した結果、世界的な金融不安を引き起こした問題である。証券化とグローバリゼーションの進展を可能にした金融技術の革新による複合された証券化商品と流通の世界的な拡大は、新しい金融危機の構造を提示したものである。

しかし、その基底にあるのは、あくまでも消費者金融市場としてのサブプライム市場の動向であり、その中心課題の一つは消費者保護の問題である。

サブプライム問題の基礎構造は金融革新の進展のもとで新規の消費者金融業者が住宅金融の分野において中・低所得者層の信用力の乏しい人々に信用供与を行い、サブプライム市場として急成長するようになったことである。したがって、事の本質は信用を供与された借り手の返済能力に依存している。

サブプライム市場は対象がそれまで金融へのアクセスが困難な人々であり、その範囲も限定されるものであるから、本来は社会福祉的な領域の問題である。この金融における社会福祉問題を解決する手段は新市場政策とでもいうべき市場機能による救済でもある。二〇〇〇年には、銀行口座を持たない人々（Unbanked）に対する政策は、主体となる財務省が実施するファースト・アカウント計画（First Accounts）による信用市場における新市場創設として推進されてきた。

しかし、他面住宅金融では新規の消費者金融業者による信用供与の拡大が開始され、二〇〇〇年には、こうした貸付による消費者被害が問題となりつつあったのである。消費者保護の問題としては略奪的貸付が規制の対象であったが連邦政府によって、すでに一九九四年にＨＯＥＰＡが制定され、規制内容が定められた。さらに一九九九年に州レベルで衝撃ともいわれるノース・カロライナ州規制法が制定された。このように問題の顕在化とともに略奪的貸付規制がとられたのは消費者保護運動の成果といってよいものであろう。何らかの形で、略奪的貸付規制に取り組んでいる州は、いまでは約四〇にのぼると言われている。(1)

ただ、消費者保護をめぐる連邦政府と州政府との間に規制上の相違がある。消費者保護と規制の問題である。略奪的貸付に対する対抗措置法として州政府のレベルでは多くの州で連邦政府よりも規制の強い反略奪的貸付法を通過させてきた。その先陣をきったのがノース・カロライナ州である。このノース・カロライナ州法（North Carolina's Anti-Predatory Lending Law）をモデルとする反略奪的貸付法の特徴は、第二市場にまで、その対抗的規制の網の目を広げたことにある。

このような州レベルでの法的規制に対しては、モーゲージ銀行業界からは強い反発がある。州ごとにさまざまな規制があることで、しかも、それが第二市場にまで及ぶことで、モーゲージ市場がつぎはぎの状態で分断され、全国市場としての機能が損なわれて、金融の効率化が阻害されるというのがその主張である。

略奪的貸付の規制という課題についてもモーゲージ市場の機能の正常化のあり方をめぐって、モーゲージ業界と消費者団体との利害の対立が第二市場において強く現れることになったのである。

以上の規制にもかかわらず、規制の目をかいくぐってサブプライム市場が急成長し、それに伴って略奪的貸付が社会問題化してきたことが、今日までのサブプライム問題の基調なのである。

## 第二節　消費者保護と新市場政策

サブプライム問題は、一九九四年頃から認知され始めたサブプライム市場の発展に付随して顕在化してきた。これがモーゲージ市場での消費者保護問題である。この点を明らかにするためにまず、金融から排除された人々に対する消費者保護に向けた市場政策を拙稿（坂本 正）「ファースト・アカウントと金融的社会政策」（『商経論叢』（神奈川大学）第三八巻　第三号　二〇〇三年三月号）からみておこう。

アメリカの消費者保護の運動は、金融革新の進展の中で銀行口座を持つことができない人々(unbanked)をいかに救済するかという運動を一つの流れとしていた。それがライフライン・バンキング運動であり、金融界ではベーシック・バンキングの設置という形で普及してきた経緯がある。しかし、依然として金融から排除された人々が存在することから、この問題を解決するための政府主導の新市場創設計画として、提起されたのがファースト・アカウント計画であった。これは、金融面における市場主導の社会政策というべきものである。

### (1) ファースト・アカウントの背景

アメリカの金融革新の進展は、銀行と消費者保護の対立を引き起こした。金融制度改革の審議過程で銀行が証券・保険への進出と金融統合を目指す中で、その動きへの対抗軸となったのが消費者保護であった。その消費者保護の課題にアメリカ政府は社会政策として本格的に取り組み始めた。それが一九九九年五月四日に提起されたクリントン（大統領）＝ゴア（副大統領）プランであった。これを具体化する形でクリントン政権は二〇〇〇年一月にファースト・アカウントの創出を盛り込んだ二〇〇一年予算教書を発表した。ファースト・アカウントの設置は金融革新下でのアメリカにおいて、避けることのできない段階に達しており、当初の計画よりは大幅に縮小されたとはいえ、二〇〇一年末にようやく応募が開始された。二〇〇二年三月に締め切られ、二〇〇二年五月一日、財務省は約八〇〇万ドルで三万五四四五人の銀行口座を持たない人が預金金融機関（預金保険加盟）に銀行口座を開設することができると発表した。(2)

### ⑵　消費者団体からの要請

消費者団体によれば金融セクターの規制構造の現代化という金融革新は他方では金融業における少数支配を促進し、競争の低下によって、消費者に不利な状況が生み出されることを意味した。これは、金融の現代化によって金融業の競争が激化することで金融サービスが向上し消費者の利便性が高まるという金融の現代化を支える議論への反論であった。消費者団体は具体的には消費者のプライバシー保護や低コストの銀行口座の復活など消費者保護策を強く求めた。銀行に低コストの銀行口座の設置を求める運動は、当初は金利自由化以前の伝統的な小切手勘定設置を高齢者や低額所得者に復活させようとするライフライン・バンキングとして提唱されてきた。この運動はほぼ同義のベーシック・バンキングとともに無料ではなくても低コストの銀行口座の設置へと条件を緩和した形で継続され、常に金融自由化＝金融統合化に対する中心的な焦点とされてきた。(3)

### (3) ファースト・アカウント計画の本格化

クリントン大統領は政府の経済戦略の中でファースト・アカウントを提案したことを強調した。つまり、消費者保護が新市場創出の社会政策として経済戦略の観点から位置づけられているのである。このように経済戦略の一環として提起されたことで、ファースト・アカウントは政府による消費者保護政策が単なる保護＝救済ではなく消費者の自立化を志向することを明確に提示した。金融制度の枠外にいる銀行口座を持たない人を金融制度の枠内に包摂し自立化への道を拓くことがここでの政策課題となっている。市場経済外の人々を市場経済のシステムへと包摂する誘導策こそがアメリカの市場メカニズム重視の社会政策というべきであろう。金融アクセスへの向上は金融自由化から排除された人々を、銀行口座開設誘導を通じて金融機関にとっても彼らが顧客となりうるという経済的利害関係で再構成することを意図するものであった。金融革新の結果、市場競争から敗退した低所得者層に生じた金融システムの空隙化に対して地域における金融の消費者市場を地域の金融機関や消費者問題にかかわる諸機関との協働で形成するという役割を担うのが財務省であった。ファースト・アカウントはこれまで連邦政府の社会保障の給付受給者を対象に小切手支払いに代えて口座に直接に預金するＥＴＡ（Electronic Transfer Account）プログラムの補完という形で、低・中所得者層への金融アクセスへの向上範囲を拡大し金融排除の壁を低くして、市場との接点を創出するという意味で新市場政策なのであり、ファースト・アカウント創出は「新市場」創出でもある。つまり、金融部面における社会政策即ち金融的社会政策は、金融排除された消費者の市場化政策なのである(4)。

アメリカでは一九九九年に銀行と証券と保険を金融持株会社を通じて統合することを認める法案が審議され、グラム＝リーチ＝ブライリー法（Gramm-Leach-Bliley Act）として成立した。この金融統合化の対極にある消費者保護の一環としてファースト・アカウントが提起されることになったことに留意をしておこう。

### (4) ファースト・アカウント実施の意義と役割

ファースト・アカウントを実施する立場にあるサマーズ（Lawrence H. Summers）財務長官は、二〇〇〇年五月八日、消費者銀行協会での講演で低所得者が銀行の壁にはばまれていることをデジタル・ディバイドになぞらえてフィナンシャル・ディバイド（金融格差）と呼び、その架橋政策を論じた。銀行口座を保有していない状況、ＥＴＡ、ＡＴＭの課題の次の段階にファースト・アカウントの役割があることを明示した(5)。

### (5) 新規消費者金融の台頭と規制

サマーズ財務長官がこの演説で強調したもう一つの論点は消費者向けの金融のあり方である。低所得層への金融アクセスは現実には近年急速に台頭してきた第二次的な貸付市場に支えられている。その中心となるのが小切手換金サービス、給料日貸付（payday lending）の増人である。これらは合法的な金融サービスといえるが、サマーズ財務長官によれば給料日貸付業者は個人向けの特定の貸付に許されているロール・オーバーの数を制限し、貸付手数料の情報を明示すべきである。もう一つ問題となるのは借り手の返済能力を無視して異常に高い手数料を徴収する略奪的な貸付業の急増である。そしてこれへの対処のために規制強化、公教育の増大、プライム市場への誘導が必要であると主張した。この略奪的貸付業者問題に対して消費者銀行協会は、このような貸付行為の多くは法律違反であり、排除されねばならない。これらは法律の強化によって鎮静化されると応答している。(6)

二〇〇〇年に財務省が金融排除された人々に対して、新市場政策のもと新たな金融の周縁地域を市場形成しようとしていたことに留意しておきたい。サマーズ財務長官はこの講演でサブプライム市場における略奪的貸付問題を取り上げ、財務省としての対策を打ち出している。二〇〇〇年はサブプライム市場の急成長に対する金融当局の規制のあり方を問う転換期にあたっている。消費者保護問題としてもサブプライム市場での証券化の問題としても二〇〇〇年が重要な時期であることに留意しておきたい。

## 第三節　略奪的貸付の形態と連邦政府の規制

サブプライム問題の貸し出しにおいて今日、焦点になっているのがいわゆる略奪的貸出（Predatory Lending）である。この問題について高月昭年明海大学教授は二〇〇六年に「略奪的貸出と利用者保護策（上）（下）」（『国際金融』一一六六号〔一六・六・一〕、一一八〇号〔一六・七・一〕）で先駆的な検討を示された。この論文において高月教授は、略奪的貸出の背景、その具体的な手法、これに対する連邦政府の規制の動きや議会での法案提出の動きを紹介されている。

アメリカの住宅貸付が低所得者層に対して信用供与を進めてきたことは、金融システムの発展として新たな進展と考えられる。これは、本来市場原理が作用しにくい領域と考えられてきた低所得者層への市場原理の活用として極めて興味深い論点である。

### (1) 問題の所在

略奪的貸出の問題を検討するにあたって、高月教授は一九九〇年代にアメリカで住宅担保貸付を中心に低所得者やマイノリティなどの層に信用が拡大していった経緯について、これは歓迎すべきことであったが、他方で略奪的貸付が深刻化してきたこと指摘する。[7]

### (2) サブプライム市場の発展

高月教授の簡潔な整理によれば、サブプライム市場の発展は、市場経済における「信用の公平な供給」というアメリカの信念に根ざすものである。問題となっている略奪的貸付はその負の側面である。

一九九〇年代以降、標準以下貸出（Subprime Mortgage）が増大する中で、略奪的貸出（Predatory lending）が大きな問題となってきた。この背景にはアメリカの社会風土が、政治的にも信用の公平な供給を重視してきたためで、そのことは住宅貸出開示法（Home Mortgage Disclosure Act）や地域再投資法によって制度的な環境が整備されてきた。これらはアメリカン・ドリーム実現を促進するものであり、九〇年代の住宅価格の高騰が住宅販売の競争激化と、金融機関によるニッチなマーケットとしてのサブプライム層への進出を招くことにもなった。[8]

## (3) 略奪的貸出とその手法

略奪的貸出に明確な定義はないが、高月教授はその概要を次のように紹介されている。

「略奪的貸出は、標準以下貸出の拡大に便乗し、消費者を犠牲にし、不正な利益を得る貸出である。実際に略奪的貸出が話題となるのは、住宅ローンやエクイティ・ローンなど住宅を担保とする貸出であるが、これは標準以下貸出がこの領域で拡大していることを反映するものである。また、高齢者、新規の移民、マイノリティー、低所得者、教育水準の低い者などが、略奪的貸出のターゲットになりやすいと考えられている[9]」

高月教授は、略奪的手法で問題となる手法を詳細に説明されている。主要な手法について高月教授は、略奪的手法で問題となる重要な手法を網羅的に紹介されている。詳細は省くが、ここでは以下の手法が取り上げられている。「ローン・フリップ」[10]、「過剰な手数料問題」[11]、「二回払い信用保険」[12]「資産ベース貸出」[13]、「中途返済のペナルティー」[14]、「バルーン・ペイメント」[15]、「ネガティブ・アモタイゼーション」[16]、「イールド・スプレッド・プレミアム」[17]である。これらは、サブプライム・ローンの仕組として借り手が不当に支払を強要される一連の悪質な詐欺的な金融手法である。その中で「イールド・スプレッド・プレミアム」には特に注意を払うべきであろう。高月教授はその内容を次のように説明される。

「住宅貸出については、モーゲージ・ブローカーと呼ばれるブローカーが介入することがある。この時、貸し手はブローカーに手数料を支払う。ここまで通常の取引であるが、その貸出が通常の貸出よりも高金利の場合、いわばボーナス的に追加的な手数料が支払われ、これがイールド・スプレッド・プレミアムである。このためモーゲージ・ブローカーは、略奪的貸出を売り込むインセンティブが働く。このことも、略奪的貸出の拡販を促す一因となっている[18]」

この手法は略奪的貸付を促進する基軸要因であり、後に社会問題として議会の公聴会のテーマとして厳しく取り上げられることになった。

高月教授は、略奪的貸出に対する連邦の先駆的な立法例として「持家及び資産保護法」（一九九四年）を取り上げる。これは、限定的とはいえ、市場経済のもとでの低所得者への保護政策のあり方を示すものである。「標準以下貸出（Subprime Lending）の拡大に対し連邦議会は、一九九四年に『持家及び資産保護法』(HOEPA: Home Ownership and Equity Protection Act)を制定した。この法律は、『貸出真実法』(TILA: Truth in Lending Act)を改正し、金利や手数料が一定水準以上にある貸付を対象に、追加的なディスクロージャーを義務付け、借り手の注意を促すものであった。すなわち略奪的貸出に対する先駆的な法律である[19]」。

ここでいくつかの略奪的貸出については規制が加えられた。しかし、「これらの規制は、ＨＯＥＰＡの適用を受けない場合は、問題にならない。このため、略奪的貸出をするような貸し手は、ＨＯＥＰＡの適用回避に動く[20]」。そのため、すでにみたように略奪的貸出を行う側は、「手数料率を借入額の八％ぎりぎりの水準で抑える[21]」。

次に高月教授が取り上げられるのは、近年のサブプライム市場の展開と略奪的貸出がさらに問題になる中で、連邦議会で提出された責任ある貸出法案（二〇〇三年二月）である。

「二〇〇三年二月一三日、下院に『責任ある貸出法（Responsible Lending Act）』と称される法案が提出されている(108th Cong. H. R. 833)」[22]。この法案の趣旨は、その長い正式名称に示されている。「正式名称は『高コストな不動産担保貸出市場における不公正で詐欺的な慣行と闘うこと、消費者向け不動産担保貸出保護委員会を創設すること、及び不動産担保貸出ブローカーの免許制度と最小限度の取引基準の創設すること、及びその他目的の法律[23]』」。

この法案にはいま問題となっている不動産担保貸出ブローカーへの規制など多くの規制がすでに盛り込まれている。高月教授はその一つひとつを丁寧に説明されているが、中でも略奪的貸出をイメージする担保物権の略奪を目的とした貸し出しに関しては、規制が提出されたことを紹介されている[24]。

しかし、このような略奪的貸出を規制する法案や審議もかかわらず、その後のサブプライム市場の拡大のもとでサブプライム問題が信用不安の引き金となり、住宅金融市場拡大化の負の問題として略奪的貸出問題が再燃してきたのである。

## 第四節　略奪的貸付の実態と規制

サブプライム市場での特徴的な貸付形態と略奪的貸付の実態について、邦語文献として初めて包括的な検討をされたのは福光寛成城大学教授である。福光教授はこの先駆的な業績「アメリカの住宅金融をめぐる新たな視点――証券化の進展の中でのサブプライム層に対する略奪的貸付」（『経済研究』成城大学第一七〇号二〇〇五年九月）において詳細にその実態を考察されている。サブプライム市場の基本構造と問題点が網羅されているのでいくつかの論点を整理して紹介しておくことにしたい[25]。

① 借り換え

略奪的貸付を行う悪徳業者の狙いは借り手の第一担保権を抑えることにある。そのために悪徳業者が用いたのが借り換えの手法である。

リファイナンスは、低金利で借り換えをすることで返済額を減らす他に、低金利の借り入れ額を増やして活用することを目的としたリファイナンス・キャッシュアウトとしても活用された。この動きを利用して悪徳業者が略奪的貸付を行ったと考えられる。

② ホーム・エクイティー・ローン

もう一つサブプライム市場で注目されるのがホーム・エクイティ・ローン（ＨＥＬ）である。しかし、ＨＥＬそのものが略奪的貸付形態というわけではない。

そこでＨＥＬの特徴をみておこう。福光教授によれば「ＨＥＬは、住宅エクイティ（＝住宅評価額から住宅担保借入額を差し引いたもの）を担保に貸付を行うもの。評価額が上がり、あるいは借り入れの返済が進むと、ＨＥＬの借り入れ余力が増える。不動産を担保とするので、無担保の消費者金融よりは低利。通常は第一担保でないので、第一担保とする通常の住宅ローンよりは金利が高い。ＨＥＬはエクイティの範囲で借入額を自由に設計でき、通常の住宅ローンに比べて審査期間が短く手数料が低い」。このように福光教授は、第一担保とする通常の住宅ローンと違って、ＨＥＬでは第一担保権ではないことに注目される。「だからＨＥＬは略奪的貸付のきっかけになることはあるが中心にはなりにくいのである。略奪的貸付の主たる形態はリファイナンス・キャッシングなのである」というのが、福光教授の主張である。

なお、福光教授によれば、ＨＥＬの市場拡大を支えたのはやはり証券化である。特徴として、二〇〇四年には資産担保証券の四分の一をＨＥＬが占めていること。政府支援企業体がここにはないとはいえ、通常のモーゲージ担保証券と同様に証券化の意義は大きいのである。

略奪的貸付については、住宅都市開発省と財務省との合同調査報告が二〇〇〇年六月に提出されている。福光教授は、この調査報告に基づいて略奪的貸付の内容を紹介され、「フリッピング―詐欺や不法行為」についてもまた、アトラント連邦準備銀行の論文に基づいて略奪的貸付の解説をされている。

その結果、借り換えが略奪的貸付の八割を占めていること。略奪的貸付が特にアフリカ系アメリカ人に特に集中していることを問題点として注目されている。

さらに略奪的貸付で取り上げられることが多い「ブローカーへの貸付業者からの手数料のキックバックの習慣」にも留意されている。略奪的貸付についてはそれに対抗する規制が問題になる。

まず、一九九四年のＨＯＥＰＡであるが、「ＨＯＥＰＡは、略奪的貸付の多くの論点に触れるものになっている。しかし適用範囲が狭いことは決定的な弱点」であると福光教授は指摘される。したがって、ＨＯＥＰＡの適用範囲の拡大と規制強化が課題となる。この「適用範囲の拡大については、連邦準備制度理事会は慎重な検討の末に二〇〇一年一二月、対象範囲を広げる決定をした」。他方で「ＨＯＥＰＡの今一つの弱点は、規制内容自体にあったが、この点でよくできているとの評価があるのがノース・カロライナ州法である」。福光教授は、「ノース・カロライナ州法の衝撃」として、その意義を検討されている。この先進的な規制強化の州法の内容が連邦議会で、どの程度実現されるかが課題となった。

サブプライム市場の拡大を支えたのは証券化の進展である。となると、サブプライム市場においても流通市場でのモーゲージ機関としての政府支援企業体（ＧＳＥ）に略奪的貸付の防止に期待がかかることになる。連邦準備制度の研究者も、この見地からサブプライム貸付債権の内容を検査する必要を主張している。

こうした主張を検討されて、福光教授は次のような判断を示されている。「この問題についてＧＳＥ自身が態度を実は決めかねているのが実態ではないであろうか。その基本的な理由は、サブプライム市場の特殊性にあるのだと思われる。すなわちプライム市場で現在行われているような、自動化された効率の高い債権管理がサブプライム市場では必ずしも実現しない」。こうした市場の特殊性を持ちながら証券化を通じてグローバリーゼンションが進展した過程の問題点が改めて問われることになろう。

## 第五節　略奪的貸付の実態と影響

アメリカのサブプライムローンについて実態と影響について新央氏は詳細なレポートを提出している。[26]表題と要約に論旨の骨格が提示されている。「米国サブプライムローンのあきれた実態と影響　危うい融資が急拡大する仕組み　投げ売りでプライム市場に影響も　住宅価格の値上がりを前提に、ホーム・エクイティー担保にステップアップ金利で過剰貸し付け。借り換えで手数料も法外、最後は家を失う。住宅価格全般への波及、クレジット市場への影響も懸念される」。

新央氏は、「ホーム・エクイティーとARMがサブプライム層を狙い撃ち」と、次のように住宅価格の上昇を前提にしたファイナンス方式の仕組みと問題点を指摘した。

新央氏は、①サブプライム・ローン市場で借換債、ホーム・エクイティー・ローンが大半を占めること、そしてホーム・エクイティー・ローンの仕組の特徴として「住宅不動産価値からローン債務を差し引いたネット自己持ち分価値（ホーム・エクイティー）」を担保に貸付が行われること、したがって貸付の審査対象は債務者の支払い能力ではなくHEであることを上げられる。②また、サブプライムの過半を占めるARMの誘因の理由として、当初、期間に設定されるティーザー（Teaser）金利にあること、そのため、その後の金利が倍にステップするリスクがあることを指摘される。③問題は、今後、二〇〇四年以降のARMの二割がリセットにより月支払額が五〇％以上増加すると予測されることだ。もっとも支払い能力が不十分でも、十分なHEがあれば借り換えや売却が可能になる。ここに巨額な延滞の割には損失が少ないが理由がある。[27]④新央氏は、略奪的貸付について借り換えを繰り返させることで、法外な手数料と家をまで収奪する手数料問題についても詳細に言及されている。⑤しかも証券化によって一流の信託銀行に転売できれば、債務者の契約上の抗弁権は切断されてしまう。[28]⑥また、サブプライム市場では資格を問われることなく、ブローカー業務を行っていること。貸し手は金融規制外かゆるい監督規制を服すだけでよいことに制度上の欠陥がある。[29]⑦二〇〇六年度には貸付業者の乱脈的な貸付が横行した。二〇〇六年に住宅市場が停滞しはじめたため、貸付業者は営業ベースを維持することを目的に貸付方針を緩和し、ティーザー金利を乱発した。[30]⑧ホーム・エクイティー・ローンは一九八〇年代末頃から発展してきたが、金融緩和によってサブプライム層までもがターゲットにされることになった。[31]

ここには借り換えとホーム・エクイティー・ローンによる略奪的貸付の実態が詳しく報告されている。特に、ホーム・エクイティー・ローン発展の経緯と、サブプライム層がホーム・エクイティーの上昇によって他の消費ローンへと信用を拡大できた内容が説明されている。この擬制資本に依存した支払い能力を超えた消費拡大に問題の核心がある。

## 第六節　消費者保護の緊急対策

議会では、二〇〇四〜〇八年に組まれたティーザー金利ＡＲＭがリセットで金利上昇することで、債務不履行が急増することを深刻な事態と受け止めて、抵当権行使を止めるベールアウトプランを提出するなどの動きがある。[32] また、消費者団体からも、サブプライムの破産法適用の必要性が提唱され始めている。[33]

アメリカの国内問題としてサブプライム市場における債務不履行の急増は市場への資金流入の停止という市場問題であると同時に、消費者保護＝救済の緊急課題となったのである。

## 第七節　消費者保護をめぐる公聴会

### (1) 消費者保護と変動金利モーゲージ

消費者保護の観点からみると、一九八〇年代の末にすでに銀行口座を持たない金融排除された人々へのライフライン・バンキング、ベーシック・バイキング設置運動と並んで住宅金融市場において、銀行が進めようとする変動金利モーゲージの普及への反対運動の取り組みがなされていたことが報告されている。

①ボストンを中心とした消費者保護運動の報告としてその成果の一つは銀行口座を持たない人々に廉価な銀行口座の提供を求めるベーシック・バンキングの普及である。②そして一九九〇年、モーゲージ貸付については固定金利よりも変動金利を求める銀行への闘いが中心であった。[34] 消費者保護運動の中心は変動金利モーゲージへの反対に置かれていたのである。

この頃すでに、変動金利モーゲージの問題点が消費者保護運動で取り上げられていたことに注目しておきたい。そして、一九九〇年代にはエクイティー略奪が本格的に社会問題化としてくる。

### (2) エクイティー略奪規制と公聴会

一九九八年に上院でエクイティー略奪に関する公聴会が開催された。それはエクイティーの引きはがし（Stripping）、フリッピング（Flipping）、パッキング（Packing）などサブプライム貸付市場における略奪的貸付の実態についての公聴会である。[35]

例えば、ホーム・エクイティー貸付（Home Equity Lending）で狙われるのは、家の支払いが済んでエクイティー（Equity）は豊かで現金収入が乏しい（Equity Rich, but Cash Poor）高齢者である。[36]

マーシュ教授の証言では、①金融会社が何度も貸付を繰り返すフリップ（Flip）〔Renew〕貸付の分析では金融業者の目的は早めに利子を得ることにあること。また、サブプライム信用市場でモーゲージ貸付業者が急増し、そのサブプライム・モーゲージ貸付が束にされて証券化されていること。そのサブプライム・モーゲージの証券化は、一九九六年から一九九七年に五〇％増加している。②サブプライムの貸付は、かつては小さなローン会社、金融会社、周縁銀行（fringe banks）によってなされる領域だと思われていたが、今ではサブプライム市場には大手のモーゲージ会社、国法銀行、自動車会社の信用子会社が参加している。③すべてのサブプライム貸付業者が略奪的貸付をしているわけではなく、責任ある貸付業者が借り手の信用履歴を反映した金利を設定していることは批判されるべきではないが、ローンを繰り返すフリッピング、信用保険のパッキングが普通に行われていることが指摘された。[37]

また、別の証言者によれば、①略奪的貸付の背景には高金利への制限が緩やかな州にみられるように強い消費者保護法が欠落していること。②レッドライニングによって銀行などから貸付を受けられない地域が略奪的貸付業者の標的とされたこと。これは逆レッドライニングである。③そして利回りと利益が信じられないほどに高く、貸付は家とエクイティーを担保にしているためにリスクが低く、モーゲージは一緒に束にされて、年金ファンド、ミューチュアルファンドに売られるのである。④ホーム・エクイティー貸付は、ここ一〇―一五年の間に急成長し、中間層や富裕層を対象にしていたが、近年低所得者にも進出した。金融会社やサブプライム貸付業者の進出に続いて、銀行や他の機関がサブプライム・モーゲージ貸付分野に進出したのである。そして、エクイティー貸付の大規模な成長という脈絡の中で略奪的貸付がはびこることになった。(38)

この当時の状況について、証言者のひとりは、モーゲージ市場の問題点としてARMsなどを上げながらモーゲージ市場の発展の理由として一九八〇年代の規制緩和と一九九〇年代の信用表示技術の発展、そしてサブプライム市場における証券化の進展を上げている。(39)

サブプライム貸付の証券化の役割が大きいのである。

① 一九九四年からのサブプライム市場の急成長を支えたのは流通市場におけるウォール街の投資銀行の役割が大きい。二〇〇〇年にはすでにこの点は認識されていた。特に消費者保護団体はこの点を強調している。ウォール街の投資銀行はサブプライム貸付の資金集めに重要な役割を果してきたとみられるからである。

② 一九九四年から一九九九年にかけてサブプライム市場は急成長をとげるが一九九九年をみると貸付の特徴はホーム・エクイティー・ローンである。一九九五年からはサブプライム貸付の証券化が

進むがそれを支えたのは第二市場の発展であった。第二市場（流通市場）の発展によって貸付業者は貸付のための資金調達が容易になる。ウォール街の投資銀行が第二市場に参入したことで、第二市場の急成長が進むことになったのである。[40]

この指摘は、サブプライム市場における略奪的貸付の中で、ウォール街の投資銀行が第二市場に参入することで、市場規律が機能しなかったことを意味する。つまり、市場規律を保証するはずの第二市場の発展が皮肉なことに市場規律の機能を阻害したのである。このような状況でサブプライム市場の証券化による全国的な展開と略奪的貸付の規制が問題となってくる。

そして、さらに略奪的貸付についての社会的関心が高まり、連邦政府で公聴会が開催された。そこでは多面的にテーマが設定され、例えば、Predatory Mortgage Lending：Abusive Uses & Yield Spread Premiums. Hearing Before the Committee on Banking, Housing, and Urban Affairs. United States Senate 107th Congress, January 8, 2002 は、いわゆるキックバックを中心としたモーゲージ・ブローカーの問題についての公聴会である。

### (3) 消費者保護と州法の意義

ここで、もう一つの論点は、州での略奪的貸付抑制法の効果についてである。

その先駆的役割を果したノース・カロライナ州法の意義と評価についての包括的な研究では住宅金融分野において中・低所得者層のモーゲージへのアクセスに問題はなくサブプライム貸付は増大しているが、略奪的貸付は抑制されているとの報告がなされている。[41]

また、ノース・カロライナ州法の衝撃については、サブプライム全国市場の変化（一九八八年―二〇〇二年）を背景に略奪的貸付減少の要因についての検討が加えられている。そこでは借りかえ部分についての減少が特徴の一つになっている。(42)

(4) 略奪的貸付規制と証券化

二〇〇三年一一月に下院銀行委員会で住宅所有者の保護について信用へのアクセスを維持しながら悪質な貸付を防止することを目的とする合同公聴会が開催された。

この大規模な公聴会の開催は、住宅ブームの中でモーゲージ市場が活性化している中で、問題となりつつある略奪的貸付にどう対処するかを課題としていた。しかし、証券化を通じたモーゲージ市場の活況と問題となる略奪的貸付の扱いについては当然、見解が異なる。

例えばモーゲージ銀行協会によれば、①マイノリティーの人達の持ち家が一九九三年の一九％から二〇〇一年には三二％に上昇している。ＦＲＢのグラムリッチ理事はこれを信用の真の民主化と呼んでいる。そして二〇〇二年の推計では居住者向モーゲージの七五％以上が証券へと転換され、第二市場にある。こうして全国規模での資本の効率的な移転が可能になっている。②ところが、被害を受けている消費者保護に熱心なあまり、モーゲージ市場を混乱させ分断させる法律が州・地方政府レベルで通過している。ここ三年の間に二八以上の州で反略奪的貸付法が通過した。③このパッチワークのような法のために資本を必要とするコミュニティへの資本の流入が阻止されている。悪質な貸付は防止せねばならないが赤ん坊を風呂の水といっしょに流してはならない。(43)

この見解は証券化を推進する立場からのものであるが、略奪的貸付規制の必要は認めながら、まずは市場と証券化を重視する姿勢はＦＲＢとも同じものであり、証券化の役割と問題点がここに示されている。

## 第八節　財務省と消費者保護

先に「消費者保護と新市場政策」で概略を紹介したように二〇〇〇年五月八日、当時の財務長官であるサマーズ財務長官は、消費者銀行協会で重要な演説をした。これに応えて、消費者銀行協会はサマーズ財務長官の内容に賛意を示し、「略奪的貸付（Predatory Lending）の乱用は除去されねばならない」と強調した。住宅金融における消費者保護問題は一つの政治的焦点であり、ここでサマーズ財務長官は、「金融格差の是正」に向けた取り組みを述べたのである。しかし、それは、新市場政策のもと金融へのアクセスが困難な人々を金融の主流へと架橋しようとする財務省の新たな政策提言でもあった。こうしたいわば金融システムから除外された人々は、「銀行口座を持たない人々」と表現されるが、アメリカ社会ではそのための不利益が大きいため、消費者保護運動の高まりを受けて、政府・財務省も無視できない課題となったのである。ここで最初に取り上げたのが、中・低所得者層向けに銀行口座の開設費用が安くてすむ施策（First Accounts Initiative）であった。そして、第二に取り上げた現実問題が住宅金融問題であり、その中心がサブプライム貸付の急激な成長に伴う略奪的貸付問題であった。略奪的貸付は適正な規制範囲内で合法的に行われる金融手段を超えるものである。そこでは、借り換えのための貸付が繰り返され、低所得者に異常に高い金利が徴収されている。そして、それらは強引なやり方で行われる乱用行為なのである。そこでこうした略奪的貸付の多くは違法であるから、厳しい罰則を課すなどの法の強化が必要だとサマーズ財務長官は述べた。

この講演でサマーズ財務長官はアメリカにおける金融格差（Financial Divide）の問題を正面に据え、消費者保護問題に対する財務省の積極的な役割を示したのである。詳しく紹介しておこう。

①第一の課題は低コストの銀行口座提供などである。②第二の課題はアメリカ国民を金融の本流に導くためのもので低所得の消費者と金融機関を結びつける金融手段の提供である。今日、信用履歴等に問題がある人々は信用力のある人々と同じ条件で金融サービスを受けることはできない。しかし全然金融サービスにアクセスできないよりも悪い条件でもアクセスできた方がよい。「その意味で『サブプライム』貸付の急増は多くの低所得のアメリカ人に実際のサービスを提供してきた」。③しかし、サブプライム貸付の中には借り手が金融知識に乏しいことをいいことに、モーゲージの借り換えや法外な金利など収奪的な貸し手が増えている。そのため、このような貸し手から借り入れた個人はしばしば家を差し押さえられてしまうことにもなる。④このような収奪的な行為を抑止するために財務省は二つの基本原則のバランスを取らなければならない。一方でサブプライム貸付の増大を歓迎する。多くの場合、サブプライム貸付市場はすべての参加者の利益にかなうように機能している。しかし他方で、低所得のコミュニティにこれに付随して収奪的な金融サービスが増大していることに用心しなければならない。

⑤サマーズ財務長官は、最後に、特に略奪的貸付の増大を問題として取り上げる。彼らは低所得のアメリカ人に繰り返し、借り換えのローンをさせることで法外の手数料をとっている。彼らは借り手の支

払い能力を無視して追加的な手数料をとっており、強引な販売方法などでこうした行為を行っている。この問題に対処するために住宅都市開発省長官クオモ（Andrew Cuomo）と自分が責任者となって略奪的貸付に関する共同の取り組みを行った（A joint HUD-Treasury Task Force on predatory lending）。⑥この共同作業は近く報告されるが、サマーズ財務長官はそこでの主要点を三つ上げる。第一は悪質な貸付を標的にしている既存の法の行使を厳しくしていくことである。そして、さらに強化できるかどうかを見守ることである。議会ではこれらの貸付業者に対する強化法案が準備されている。ＦＲＢはＨＯＰＡのもとでの既存の権限を使って保護のもとで貸付を増やし、悪質な行為と闘うことである。⑦第二に公共的な教育を推進して、家を購入する際、借り入れの選択内容をすべて注意深く検討することができるよう広める。

⑧第三に、このような借り手のプライム市場へのアクセスが拡大することについて、サマーズ財務長官はサブプライム借り手がプライム市場に向かう上で、銀行と貯蓄金融機関の役割に期待している。[44]

ここにサブプライム市場発展を歓迎し、略奪的貸付については抑止するという財務省の基本姿勢が明確に表明されている。

このサマーズ財務長官の講演に対して、消費者銀行協会は歓迎の意を表した。それはサマーズ財務長官がサブプライム貸付と略奪的貸付と呼ばれるものの区別を明確にしたからである。サブプライム貸付の意義を消費者銀行協会は信用の民主化として位置づけた上で、略奪的貸付は取り除かれねばならないと主張したのである。[45]

二〇〇一年一一月八日の講演で、財務省次官はモーゲージ改革と略奪的貸付について、モーゲージ金融の革新が住宅所有に大きく寄与していることを評価した。

①特に一九九四年以降、サブプライム市場が急成長していること。サブプライム貸付の証券化が一九九五年から二〇〇〇年に劇的に急増している。この流動性の増大がサブプライム市場の増大に寄与してきた。そして、低・中所得者の住宅所有の比率を引き上げたのである。②しかし、いわゆる略奪的貸し手に最も被害を受けた人々がいる。「略奪的貸付は定義が困難である」とはいえ、略奪的貸付と合法的なサブプライム貸付を区別することは重要である。サブプライム貸付は信用履歴が十分でない借り手に信用を供与するという重要な機能がある。サブプライム貸付は支払い能力があるが、信用履歴が乏しい低・中所得の個々人に信用の利用可能性を拡大してきた。略奪的貸付はこうした人々を食いものにしているだけである、略奪的貸付の問題の一つはモーゲージのプロセスが複雑だという事実である。ディスクロージャーも複雑で専門家でも素早く理解できない。そこでモーゲージのディスクロージャーが略奪的貸付に結びつく貸付業務を減らしたとしても問題を完全に解決することにはならないであろう。④各関係機関が通達を発行などしている努力を述べた後、次の点を指摘した。借り手が自己を守る教育、行政が最重要課題として取り組むこと、連邦政府が民間セクターに悪質な貸付業務を取り除くようにリーダーシップを発揮することが必要である。[46]

同次官は、二〇〇二年四月一五日、略奪的貸付について財務省の考えとして二つの任務を上げた。①消費者教育の普及と、関係の民間セクターの活動の奨励である。そして、一部のモーゲージ・ブローカーの悪質な業務を取り除く必要性を説いている。②そして、モーゲージの第二市場の参加者の役割を次のように説明する。

第二市場はＧＳＥｓやウォール街の投資銀行家を通じて資本市場の資金と消費者へのモーゲージ金融の間を繋ぐ役割を行う。この市場に参加するウォールストリート商会が彼らの証券化するモーゲージが健全な引受基準に一致しているかどうか、また、このようなモーゲージを受け取る消費者に返済能力があるかどうか、これらに注意を払えば、責任ある貸し手も増加するであろう。(47)

このように、財務省がこの時点でなお第二市場参加者の役割を強調し、市場規律に期待している点に留意すべきであろう。

## 第九節　グリーンスパン議長とグラムリッチ理事の対立

財務省は早くからサブプライム問題に取り組んできたし、ＦＲＢも事態の把握に努めている。特にＦＲＢでは二〇〇〇年頃グラムリッチ理事が専門家としてサブプライム市場の動向について詳細な分析を続けていた。彼はサブプライムについての小冊子をまとめて死去するが、サブプライム市場に起因する金融危機についても予測していたとして評価されている。(48)

しかし、近年のサブプライム市場の動向について、グリーンスパン前議長は事態の深刻さを十分には把握していないと述べ、バーナンキ議長もサブプライム市場への規制には消極的である。この姿勢は一貫していて、基本的には規制緩和と証券化の推進する中で略奪的貸付についてのみ規制するという立場である。しかしその規制も本腰をいれたものではなかった。このＦＲＢの姿勢に対して二〇〇〇年頃、ＦＲＢ内部でグリーンスパン議長と当時理事であったグラムリッチとの間に規制をめぐる対立があったことを二〇〇七年六月に入って『ウォール・ストリート・ジャーナル』紙が伝えた。
それによると、二〇〇〇年頃サブプライム市場で略奪的貸付が顕著になったのでグラムリッチ理事はグリーンスパン議長にＦｅｄ（Federal Reserve System：連邦準備制度）が消費者金融貸付業者の事務所に検査員を送ることを提案したが、グリーンスパンが反対したためにそれを実際には遂行できなかったと語ったのである。[49] この報道についてはＣＮＮもその内容を伝え、当時のサブプライム危機はグリーンスパン議長の怠慢のためかと報じた。[50]
グラムリッチ理事が指摘したように、グリーンスパン議長が略奪的貸付についても消極的であったことが、サブプライム市場とその証券化の実態、そしてさらにはその問題点を軽視することになり、今日の事態につながっていることを、十分に認識しておく必要があろう。

## 第一〇節　略奪的貸付規制の動き

### (1) 背景――モーゲージ信用の二重化構造

一九九〇年初め以降の略奪的貸付に対する消費者運動や立法化の動きについて、イマーグラック(Immergluck)が、詳細に述べている。[51]
①一九九〇年代以降、ホーム・エクイティー・ローンへの規制の強化に向けて消費者の公的機関などへの活動がみられ、一九九四年にＨＯＥＰＡが成立した。これは、高コストのモーゲージに対する消費

者保護を目的とするもので、こうした活動の成果である。②しかし、一九九〇年代半ば中にマイノリティーと低所得のコミュニティのモーゲージ信用に大きな変化がみられた。この領域に新規のモーゲージ貸付業者の一群が参入し、特にマイノリティーのコミュニティで活発な動きをみせている。特にそこでなされているのは家を購入する貸付よりも、借り換えの方が多いことが特徴である。その直後から全国的に借り手の被害が報告されるようになった。その多くが、この新規の参入者の貸付によるもので、サブプライム貸付業者として知られるようになったのである。サブプライムの貸付は主としてこれに特化したサブプライム貸付業者とサブプライム貸付業者の一部によってなされた。③一九九〇年代の半ばから後半にかけて、サブプライム貸付の量は爆発的に増大した。その増大した大部分が借り換えとホーム・エクリティー・ローンであった、④リファイナンス市場は過度に分化されてランクづけがされているが、リスクの高い分類分野では、サブプライム貸付が延滞と差し押さえの原因となっている、⑤サブプライム貸付と延滞の関連については研究がなされ、その関連性が指摘されている。その割合については過大であったり、過少であったりするが、それは「多くのサブプライム貸付が連邦住宅局（ＨＵＤ）認定の金融機関に『プライム』として売られるか、プライム貸付機関（通常は銀行）の信託に保有されている」からである、⑥サブプライム産業と結びついた不正な貸付や略奪的な貸付の増加がサブプライム貸付の増大と拡大に連動していることである、⑦モーゲージ信用の二重市場では、銀行や貯蓄機関（Thrifts）はＣＲＡ（Community Reinvestment Act：地域再投資法）に従うが、モーゲージ会社や金融会社は連邦規制当局の規則的な検査をうけない。

⑧モーゲージ市場での差別とレッドライニング問題の内容は、変化をとげ、信用を受ける価格と条件

が問題である。その際、借り手の人種、年齢、地域別の高度な細分化はテクノロジーと規制によって容易になっている。信用アクセスへの統一化よりも規制組織の側がこの二重化市場に追随しているのであり、あるいは二重化市場をつくりだしてもいるのである。

このモーゲージ信用の二重化市場という階層の分化が特徴である。さらにこの傾向は固定化され拡大されている。

モーゲージ信用の二重化構造は、市場規律が働きにくい構造を作り出したのである。ここでは市場規律重視の前提が崩れていることが問題なのである。

⑵ 略奪的貸付規制の要請

二〇〇一年七月二六日、二七日に上院で「略奪的なモーゲージ貸付」に関する公聴会が開催された。[52]ここで注目されるのは、消費者団体の次のような証言で一九九四年に導入されたHOEPAの適用範囲の拡大が求められ、同時にHOEPA導入後にサブプライム貸付が増大し、それに比例して悪質な貸付が増大していること、連邦法はこうした悪質な貸付と闘うよりも後ろ盾の機能を果しているという問題である。[53]

また別の証言者は人権擁護の立場から消費者保護のための連邦法の必要性を主張し、手数料の規制や繰上げ償還違約金（Prepayment Penalties）の制限などを盛り込んだ「二〇〇一年略奪的貸付消費者保護法」（The Predatory Lending Consumer Protection Act of 2001）」案への支持を表明した。[54]

このように二〇〇一年には消費者団体から略奪的なモーゲージ貸付に対して連邦法による規制が強く

求められていた。略奪的な貸付はサブプライム市場の急成長とともに次第に深刻な社会問題となりつつあったのである。

略奪的貸付についての社会的関心が高まるにつれて、連邦政府の公聴会では多面的にテーマが設定された。二〇〇二年一月にはモーゲージ・ブローカーの問題についての公聴会が開催され、いわゆるキックバックを中心とした検討がなされた(55)。

こうして略奪的貸付の規制対象が拡大されることになった。

## 第一一節　略奪的貸付と証券化による規制

二〇〇四年に発表された消費者保護に関するレポートでは、サブプライム貸付の第二市場の発展が略奪的貸付を容易にしている面が考察される(56)。

①市場の諸力によって第二市場では購入者が略奪的貸付の購入を控えるという力が働くはずであるが、ある面ではその力が働きにくい。一つは、多くの州でたとえその貸付が違法性の高いものであっても、そこから発生する損害に購入者は責任を負わないし、法的リスクの多くについても軽減されているからである。また第二市場での略奪的貸付の購入者にとって、略奪的貸付の利子率は高く償還前の中途返済へは障壁がおかれていて、それらは信用リスクの増大を補って余りあるものになるのである。②このような状況の中で、ファニーメイとフレディマックの関係者は略奪的な特徴を持つ貸付の購入を避けるように努めていると語っている。③連邦政府は一九九〇年代の初期に略奪的な住宅モーゲージ貸付を重

要な政策問題だと表明し始めた。一九九四年に議会は、持家および資産保護法（Home Ownership and Equity Protection Act: ＨＯＥＰＡ）を可決した。これは消費者保護のために高いコストの貸付に対して一定の制限を置いた、貸付の真実法（Truth in Lending Act）の修正である。④その後も連邦住宅局と財務省は二〇〇〇年に合同で「略奪的住宅・モーゲージ貸付の抑制」を発表し、そこには多くの提案がなされている。二〇〇三年には略奪的貸付に関する法案[57]も提出されている。

しかし、このような議会での審議や略奪的貸付規制法案の提出にもかかわらず、二〇〇四年頃からサブプライム・モーゲージ市場は急成長をとげることになるのである。そのため、二〇〇五年五月に消費者保護団体である責任ある貸し手のあり方を問うグループは改めて下院の小委員会でサブプライム市場における略奪的貸付への規制を強く求めた。[58]

〔小括〕

このようにサブプライム市場における消費者保護は、略奪的貸付という悪質な貸付に対する規制として認識されてきた。しかし、金融当局にとってここでの規制の主眼は、金融当局による悪質な貸付業者への直接的な取り締まりよりも、市場諸力による悪質な貸付の排除におかれていた。サブプライム市場の第二市場（流通市場）の発展によるサブプライム・ローン証券化過程での選別である。つまり、市場化と証券化型の市場規律を重視した消費者保護である。しかし、この市場規律は有効には作用しなかった。社会問題化し、政治問題化した消費者保護問題はサブプライム金融危機の中で二〇〇七年の多くの公聴会の開催に示されるような一大争点となってくるのである。

# 第4章　金融危機の構図と金融機関への影響

坂本　正

〔課題〕

## 証券化市場の危機とその影響

サブプライム問題が金融不安から金融危機へと進展する過程で明らかになったことは、証券化市場の世界的な不安定化であり、この結果、金融機関への経営問題が顕在化してきたことである。これは証券化によるリスク分散が証券化市場から金融機関へとリスクが回帰してきたことを示すものである。金融システムの不安定化が銀行を中心とする金融機関の不安定化を引き起こしている。金融機関の経営危機という金融危機が金融システムを根底から揺さぶりはじめている。このような金融危機において中央銀行が短期金融市場・証券化市場・金融市場に対してどのような対処をするのか、アメリカにおいて政府・財務当局が借り手保護のみならず金融機関の救済にどのような政策をとるのかが問題となる。住宅バブル崩壊後の金融機関の不良債権問題という新たな展開への予兆である。

サブプライム問題の新しさは証券化市場の危機として二一世紀型の金融危機を誘発したことである。そして証券化市場の動揺と不安は他の部面に負の影響を引き起こすことになる。

## サブプライムと危機の連鎖

二〇〇七年一〇月に入って、深刻化しているのは金融不安と景気悪化のスパイラルである。金融政策当局のグローバルな投資マネーに対する協調的な対応が改めて問われている。

### 証券化市場と短期金融市場

「米短期金融市場　不安　再び」（『日本経済新聞』二〇〇七年一一月一〇日）と報道された。

ここでは短期金融市場の不安の要因としてＳＩＶ（ストラクチャード・インベストメント・ビークル）が問題となっている。金融機関の損失拡大が銀行、証券以外にも拡大し保険大手アメリカン・インターナショナル・グループ（ＡＩＧ）の損失も大きい。サブプライム問題は銀行、証券から保険会社をも巻き込んだ金融産業全体に及ぶ金融機関の経営危機の要因となりつつあるとみてよいであろう。

## 第一節　ブラックマンデー（一九八七年一〇月）と新しい金融危機

サブプライム市場が引き起こした世界的な金融不安はＧ７においても焦点となった。新たな国際協調が強調されたが、これはこの間のアメリカ、ヨーロッパ、日本の金融当局の迅速な連携の再確認でもあった。アメリカを中心とする市場規律重視の経済運営が世界経済の基調となり、アメリカ経済の展開に依存するグローバルな市場経済化がブラックマンデーから二〇年を経た世界経済の特徴となっている
「繰り返す市場の慢心」（『日本経済新聞』二〇〇七年一〇月二二日）という新聞記事の見出しにあるように、この二〇年間は金融市場が膨張し、バブルと破綻を周期的に繰り返す金融危機の時代であった。その歴史の中で、今回のサブプライム問題は特に新しい特質を持っている。それは、アメリカの住宅市場ブームの中で発生した低・中所得者向けのサブプライム貸付が爆発的な膨張により、リスク管理が欠如したまま証券化されて、グローバルにリスクが拡散されたことにある。アメリカで進められてきた社会政策の市場化政策として、住宅部門の非市場領域を市場化するという新市場政策の問題点が露呈した

途端、その矛盾が瞬時に世界的な金融不安を引き起こすという構造的な証券化の連鎖の構築が、今回のグローバルな市場化の最大の弱点となって現われた。サブプライム貸付の焦げ付きそれ自体は、どれほど拡大したとしても、アメリカ国内に限定すれば、経済的に吸収できる市場の混乱にとどまるものが、証券化によって世界的に波及したために、リスク評価とリスク回避が取りにくい状況が生まれたからである。

こうしてサブプライム貸付の証券化が問題とされ、金融機関へのリスクの集中も指摘されている。サブプライム問題が顕在化し、世界的な金融不安も二〇〇七年一〇月に入って、株価に回復がみられ、「サブプライム余波　信用収縮は一服」（『日本経済新聞』二〇〇七年一〇月三日）と報じられるようになった。実体経済への影響など問題はこれからであろう。しかしこの可能性こそが金融不安を増幅させ続ける基本要因である。

二〇〇七年一一月八日に東京株式市場で株価が大幅に下落し、アジア株も急落することで「サブプライム楽観論後退」（『日本経済新聞』二〇〇七年一一月九日）が報じられた。この主たる原因はアメリカの金融機関の損失拡大である。

〔証券化商品価格の下落〕

アメリカの金融市場で証券化市場におけるサブプライム関連証券価格の下落が深刻さを増している。このように価格下落は大きい。その具体例として、シングルA格やトリプルB格の証券がほぼ半値にまで急落した異変が報じられた。

## 第二節　金融機関へのリスク回帰と経営危機

二〇〇七年一〇月には欧米金融機関の損失拡大が明らかになった。原因は、サブプライム問題による金融市場の混乱であり、直接的には証券化市場におけるＣＤＯの評価損である。特に注意すべきことは、シティグループ、メリルリンチ、モルガン・スタンレーなどアメリカの金融機関の損失額が大きく今後も損失は拡大するとみられることである。

世界的な金融不安は、まずヨーロッパの金融機関から始まった。そこで急速に展開した証券化とグローバリゼーションの中で経験の浅いヨーロッパの金融機関の証券化商品へのリスク管理の甘さが指摘された。これに対して、アメリカ発のグローバルな証券化市場の混乱にもかかわらず、その震源地のアメリカの金融機関の経験の強みと対応力への評価から金融機関への影響は比較的少ないと報道されてきた。

この段階では金融不安は証券化市場の一時的な混乱であり、金融機関の対応能力が評価の対象であった。したがって、市場の混乱が鎮静化すれば、証券化商品の売買は回復し、リスク分散の市場構造の弾力性がアメリカの金融機関の損失を早期に吸収するはずであった。しかし、証券化市場の危機の深化の中で、アメリカの金融機関の経営危機が明らかになってきた。サブプライム問題は金融機関本体だけではなくこれまでは表面化していなかった構造問題、すなわち、金融機関が資金的に関係を持っている証券化市場のおのおの構造から収益を圧迫する金融不安要因が生み出されているからである。

『日本経済新聞』は、「米銀、サブプライム響く——証券化商品、甘めの評価、潜む損失、処理なお時間」（『日本経済新聞』二〇〇七年九月二一日）との見出しをつけている。ここでは金融機関の表面化しない損失を中心に、「評価損」、「運用会社の資金難」、「シティグループ傘下の運用会社」、「金融機関へのリスク回帰と危機の連鎖」を取り上げている。

ここで問題となっているのは、金融機関の簿外の運用会社の破綻問題である。これはエンロン事件以後、改善されたと思われていた会計制度の市場に対する公開性と透明性がなお不十分であることを示している。こうして、いまや問題となっているのはこれまで主張されてきた「リスクの分散」の意義と有効性ではなく、「リスクの分散」が生み出す「危機の連鎖」なのである。

### サブプライム問題と銀行

銀行からリスクを分散した証券化であったが、サブプライム問題は、銀行にも影響を及ぼしている。これは、「米金融、損失二兆六〇〇〇億円——サブプライム市場混乱響く」（『日本経済新聞』二〇〇七年一〇月二一日）と報じられた。

サブプライム問題が今後、実体経済にどのような影響を及ぼすかが関心の中心である。ポールソン財務長官もこの点を重視している。そして、何よりの問題は、アメリカを中心にめぐっている資金フローが、このアメリカ発の住宅金融市場の動向によってどのような影響を受けるかである。世界的な資金フローの観点から言えば、アメリカは世界中から集めた資金を背景に住宅ブームを牽引して、低・中所得者層向けのサブプライム・ローンの爆発的な拡大を引き起こし、その証券化と金融商品への組み入れによって金融危機の震源となったのである。

## 第三節　サブプライムローンと金融危機

### 金融危機の構図

すでにみてきたようにサブプライム問題は二〇〇七年三月に世界的な信用収縮の不安から金融不安の原因として注目を浴びるようになった。八月には世界的な金融危機の連鎖が懸念されるに至り、国際金融市場での危機が金融機関にどのように波及するかが注目されていた。そして一〇月下旬にアメリカの大手金融機関そして証券会社が大幅な損失を計上することになり、サブプライム問題は予想を大幅に超えた危機へと展開している。ここではアメリカの住宅市場での消費者金融が世界的に金融市場に展開され、金融機関にも深刻な影響を及ぼすことになった。

ここで明らかになってきたことは、金融機関の経営危機を象徴することになる証券化市場発展を支えたプロであるはずのメリルリンチの損失拡大であった。このメリルリンチの損失は、ＣＤＯであり、大量に在庫をかかえていたこと、証券価格の下落で損失が急膨張したことである。

## 第四節　金融危機と国際的な資金移動

### (1) 金融機関の損失とドル

金融不安から金融危機への第三段階に入るとサブプライム問題の核心は、金融機関の損失に移ってきた。そして、ドル相場の動揺と実体経済への影響である。『日経金融新聞』(二〇〇七年一一月九日)に「株安連鎖、不安心理増す――サブプライムショック再び」と報道された。

### (2) 金融危機と投資マネーの変調

サブプライム問題をひきがねとして世界規模での投資マネーの変調も起こっている。基軸通貨ドルへの信任が揺らぎはじめ、株式から原油へと、商品市場への投資マネーの大移動が顕著になってきた。投資マネーは金融証券化市場、商品市場そして通貨市場を投資対象として金融危機下での逃避を繰り返すことで金融危機を深化させる。この投資マネーの変調が一時的でない限り、これは金融危機がさらに深化する予兆となる。

## 第五節　証券化市場のリスクと金融機関

## ⑴　金融機関の損失拡大

サブプライム問題が引き起こした金融危機について、実体経済への影響は少ないとして九月段階では楽観論も主張された。しかし、サブプライムによる金融機関の損失は三千億ドルとも言われ時が経つにつれて、予想を超えて拡大するばかりだ。ここで損失拡大をめぐる問題が二つある。一つは証券化市場においてサブプライム証券を組みこんだ金融商品から他の金融商品へと評価損の連鎖がうまれていることである。

もう一つは、分散されたリスクが金融機関に回帰し、銀行・証券から保険へと損失拡大の連鎖がうまれていることである。

## ⑵　証券化市場におけるリスク管理問題

サブプライム問題をめぐる日本の金融相懇談会報告は、証券化における「リスク移転の安易さ」と「情報開示の不備」を問題としている。これは証券化の基本的なシステムが機能不全を起こしていると指摘したのも同然の内容となっている。

ここで、問題となるのは証券化についてのリスクの把握である。そこでリスクの再評価の際の格付け機関依存の問題、そして金融機関の経営危機という個別のリスクから、それまで拡散していたリスクが市場で顕在化するという新しい型のリスク問題が指摘されている。この分析と結論に異論はない。しかし、この包括な内容は証券化とグローバリゼーションへの展開のどの局面においてもリスクの評価と管理が不十分であり、是正がきくシステムがないことを示している。

### (3) リスクの分散メカニズムと銀行の役割

証券化の特質であるリスクの分散は市場規律によって是正がきくことを根本原理にしているが、それは、金融機関やその機能を分担する派生機関などの市場参加者が、証券化における証券化商品の生産、流通、加工、分配というおのおののプロセスで、リスク評価と管理を責任を持って適正に行うということを前提にしている。いいかえれば、これは銀行を中心とした金融システムが銀行から他の金融機関へとリスク機能を分担し信用と金融面で、そのリスク分担機能を支援するシステムでもある。このシステムによって銀行は銀行へのリスク集中から解放され、他の金融機関へとリスクを分担することができる。これがリスクの分散の内実である。しかし、今回のサブプライム問題は証券化市場の各局面においてその基本的な前提が崩れていることを示している。アメリカ発の証券化（セキュリタイゼーション）とグローバリゼーションの展開領域である国際的金融市場の連携＝優位の構造のもとで投資資金の移動による証券化市場の危機が、実体経済に影響を及ぼす危機が到来したのである。

### (4) 証券化の構造と本質―金融機関との関係性―

二〇〇七年のサブプライム問題が証券化市場での金融不安から世界的な金融危機の様相を帯び、金融機関の損失が明らかになるにつれて、金融システムそのものの危機の構造も明らかになってきた。証券化におけるリスクの分散のメリットを強調する視点からは、金融機関に集中するリスクの分散のみが議論され、証券化と金融機関との関係性は議論されることがなかった。

しかし、金融システムの中心に位置する銀行をはじめ、金融機関は証券化の過程と市場の展開の各段階に関わりを持ち、証券化を支える役割を持っている。今回のサブプライムによる金融危機は証券化の市場構造と金融機関との関係性を逆に明らかにすることになったといえるであろう。

この点に関して金融機関による劣悪な資産の商品化や投資家への販売、さらに融資、そして保有という問題点も指摘される。証券化市場の危機によって証券化と金融機関との関係性が明らかになってきたことに大きな意義を見い出すべきであろう。

証券化市場での銀行のリスク分散機構が市場での機能不全によって証券市場から短期金融市場へとリスクが連鎖的に逆流して銀行本体の経営を悪化させる構造が明らかになってきたからである。

## 第六節　サブプライム対策基金

サブプライム問題に対応するため、アメリカ財務省は、金融システム維持に向けた対策基金を主導している。グローバルな金融危機に対する歯止めをかけるために一〇月にアメリカのシティグループなど大手三行が対策基金の設立を表明した。

それは、信用危機に対応するための基金（Credit Crunch Fund）構想である。その目的は短期金融市場の機能回復であり、そのために資産担保ＣＰ市場への流動性を増大させ、証券の担保となっている資産担保ＣＰに再金融をつけ、効率的な市場環境を整備させることである。財務省は民間セクターが短期信用市場の流動性の増大を目指すこの対策基金を歓迎した。[1]これに関して日本でも詳細に報道された。は薄いとみられていた。
このように、アメリカの銀行によるサブプライム対策基金構想がうちだされたが、当初からその効果

ここでの問題は、簿外での運用会社、SIV（Structured Investment Vehicle）の対策である。この対症療法的施策には、アメリカ当局の強い後押しがある。金融危機防止のための事実上の公的介入である。そして、ここでクローズアップされたのが、金融機関による簿外での運用会社SIVの存在である。銀行にとってSIVは資産運用上、リスクを分散できる重要な機関装置であった。しかし、金融危機下でSIVは機能することなく、その存在意義を喪失した。特にシティグループへの打撃は大きかった。銀行のリスクの分担構造が破綻し、銀行本体の経営悪化要因へと連結することになったのである。

この点からみても、アメリカ当局のサブプライム問題に対する危機感は、相当に強いとみるべきであろう。サブプライム対策基金（共同基金）設立への動向には注意を要する。それは、二一世紀型金融危機へのリスクの把握と対処への困惑ぶりがここに示されているためである。この市場の混乱回避の手段として、このような対応を迫られることにこそサブプライム問題の深刻さがある。証券化における金融機関によるリスク分散という建前のあやうさがここにもみられるのである。

小括

これは、アメリカの政府・財務省による証券化市場への救済策であり、実体的にはシティグループを始めとする金融機関の救済策である。大規模な対策基金だけに期待も大きな反面、当初から市場に対し

てどの程度有効かが疑問視され、効果の乏しい対処療法との批判も強かった。日本への三メガバンクへの要請もなされたが協力できる状況にはなく、結局財務省主導といわれながら対策基金は実現できなかった。金融機関が個別に対応することになったのである。金融機関に対する共同救済策の破碇として銘記されるべき問題である。

## 第七節　ブッシュ大統領とサブプライム救済策

### 課題

金融危機の進展の中で、ブッシュ大統領はサブプライム債務者の救済に向けた動きを強めることになった。これは、社会問題化した消費者保護が政策の中心課題となり始めたことを示すものである。しかし、これはあくまでも政府主導による金融機関との共同プロジェクトであり、市場規律重視の政策の範囲内で金融機関への自由裁量を促すことを主眼においたものである。とはいえ、この小さな政策変更は、確かにサブプライム問題の深刻さを示すものといってよいであろう。

このような視点からみる時、二〇〇七年三月から一番大きく変わったのは、サブプライム問題に対するＦＲＢの態度の変化である。一一月八日、ＦＲＢのバーナンキ議長は、金融機関のサブプライムローンの焦げつきが一五〇〇億ドルの損失になることを認めた。債務者救済に向けた具体的な対策が求められてくることになった。

### (1) 政府と金融機関による債務者救済

サブプライム債務者救済に向けて政府と金融機関は共同して「返済金利を凍結」することを検討していることが明らかになった。これは二〇〇七年一一月三〇日付けの『ウォール・ストリート・ジャーナル』紙で伝えられた。[2]

これは金融危機に対する根本的対策ではなく消費者保護への一時的な対応にすぎないが債務者保護として金融機関が行う最も具体的な社会的措置である。しかし、市場規律重視の政策からいえば、その根幹にかかわる重大な政策変更であることに間違いない。

この措置にこそ住宅金融における消費者金融問題として現われたサブプライム問題固有の性格がよく示されている。この背景にあるのは変動金利モーゲージによる焦げつきで、今後二年間で差し押さえが急増する懸念があるためだ。来年の二〇〇八年には変動金利モーゲージが高い金利へとリセットされる金利変更を迎えることから借り手が新規の返済に応じられない可能性は高まっている。このように今回の債務者保護は金融危機の深刻な事態への展開を抑制することを目的としている。特にサブプライム問題は、二〇〇七年初めには社会問題化し、政治問題化していただけに消費者保護の観点からも強くこの措置が求められたと考えられる。

しかし、この措置に対しては、投資家からの批判や単に問題を先送りするだけだとの批判があるのも事実である。[3]

このサブプライム金融において市場規律重視の政策がどこまで維持されるのか、あるいは危機対応型の市場介入政策がとられるのか、大きな岐路に立っているといえるであろう。

### ⑵　ＦＲＢ・政府による金融危機対策

このようなサブプライム債務者救済は、これまでのＦＲＢ・政府による金融危機対策が市場に対して有効でなかったことを示している。ＦＲＢによる市場との対話政策は市場を鎮静化することにはならず不安を増幅させる市場に追随する結果となっている。ここにサブプライム問題が引き起こした証券化市場の金融不安という新しい市場の不安定化要因がある。

一方で当局の対応が後手に回っている問題点が指摘されているとはいえ、救済策は重要な課題であった。ポールソン財務長官も二〇〇七年一二月三日の講演でサブプライム問題に対して変動金利モーゲージによる高金利への変更で返済が困難になる二〇〇万世帯を対象に包括的支援対策を検討中であると発表した。[4]

### ⑶　ブッシュ大統領のサブプライム救済策

二〇〇七年一二月六日ブッシュ大統領はサブプライム救済策を発表した。ＡＲＭの借り手保護を目的としたもので、対策の中心は五年間の金利据え置きである。ＣＮＮのニュースは、証券化されているため多数の投資家の合意がとりにくいことや現時点での借り手の救済ができないなどの問題点を伝えている。救済策はモーゲージ産業との合意に基づくものであるが、多くのサブプライムの借り手が除外されることにも批判がある。[5]

それは、この対策による金利凍結が二〇〇五年一月一日から二〇〇七年七月三〇日の間に組成されたARMを対策としているためである。そして、サブプライム借り手の約一二%が直面している現在の延滞者も除外されているにもかかわらず、なぜ救済策を急いだのか。『ニューヨークタイムズ』紙はこの対策の背景にはモーゲージ危機が急速に政治問題化したためとみている。(6)

(4) 背景と評価

今回の救済策は、二〇〇七年八月三一日のブッシュ大統領の声明からさらに具体的に踏み込んだ内容になっている。したがって、これは市場規律重視で、小さな政府を掲げるブッシュ政権にとっては、大きな政策転換を示すものでもある。しかし、強い実効性があるという評価は少ない。

背景

背景にあるのはサブプライム問題が、予想を超える深刻な社会問題となり政治問題化したことである。金融不安から金融危機への進展に対応して社会問題から政治問題化することで政治危機への対応策が迫られる。これが今回の市場介入への転換の意味するものである。

評価の論点

この点について、『熊本日日新聞』(二〇〇七年一二月八日)に次のような論点がある。

① 政治危機を回避するために大統領選挙もあり、民主党を意識した対応策をとることになった。「金

利の凍結期間などで民主党の主張を大幅に取り込んだ」。

②　金融問題として解決の道筋が示されていないので、問題の先送りといった批判や金利凍結解除後の借り手の支払い能力問題が依然として残っている。市場原理重視の視点からは、市場介入への疑問やモラルハザードが問題となっている。

③　短期的にはともかく、長期的には市場回復への期待は薄いという見方が強い。

④　問題解決には公的資金投入の必要性も主張されている。「野村証券金融経済研究所の木内登英経済調査部長は、『米金融システムの安定や米経済の失速回避が、これで確保されるとはいえない。国の資金が本格的に投入されることに期待したい』と公的資金の必要性に言及。『将来にリスクを先送りする方策は、貯蓄貸付組合（Ｓ＆Ｌ）の経営危機や日本の（バブル崩壊後の）金融危機と類似した状況を生む』」。

特徴

別の指摘によれば、サブプライム救済策は三つの特徴を持つ。第一は、返済能力の判断から対象を厳しく限定したことである。第二は、景気回復への期待という先送り策だということである。第三に、問題解決に向けて公的資金投入の必要性が求められていることである。ポールソン財務長官は、今回の救済策で住宅市場回復への期待を滲ませているが、他方で、救済措置の乱発が金融機関への負担を増すことも懸念している。それは、サブプライム関連の金融商品が金利上昇を前提に設計されたものだとの認識を示したものでもある。

## 第八節　借り手保護対策

二〇〇七年、アメリカの議会ではサブプライム問題に関して、消費者保護の観点から法案が提出され、公聴会が数多く開催されてきた。その中で、サブプライムローン対策としては初めてとなる住宅ローン借り換え支援の法律が成立した。借り手保護については、金融機関の側からの借り手支援も始まった。サブプライム問題について、さらに借り手保護もより具体的になってきた。その一つが個人破産の急増とそれを支える法案の提出の動きである。狙いは略奪的な融資の抑制である。

## 第九節　金融危機と金融政策

サブプライム問題が引き起こした世界的な金融不安から金融危機への進展は、金融政策の役割を改めて問い直すことになった。ここで問題は二つある。一つは資産バブルと金融政策の問題である。もう一つは、グローバルに展開された証券化市場の動向に対応する金融政策の役割である。

### (1) 資産バブルと金融政策

アメリカの住宅ローンとりわけサブプライム問題は、金融当局が資産バブルをいかに予知し、予防するのが困難であるかを示すものである。アメリカの金融当局は、日本のバブルの発生と崩壊についても調査をし、その分析を金融政策に活かしてきたと言われる。しかし、金融政策は物価全般を対象とするものであり、特定の金融資産の領域だけをターゲットとすることを目的としていない。

では、今回のサブプライム問題から改めて資産バブルと金融政策の問題をどう捉えるべきか、分析のアプローチはさまざまであるにせよ、ＦＲＢが住宅バブルを防げなかったことを認め、アメリカにおいてもバブル期には、一般の物価が安定しているのに資産価値だけが上昇しているという特性があったことへの言及がみられる。確かに金融政策は一般の物価安定を目的としているため、指標となる一般の物価が安定している中で、一部の資産価格が騰貴することに対して、これまで資産価格の抑制を政策目標としてこなかった。しかし、今改めて問われている論点は、土地・株の価格上昇という資産価格の上昇に対して、金融政策はどの程度有効かという点である。これは、バブルに対する抑止力が金融政策にあるのかどうかという問題である。私達は日本のバブル崩壊後の銀行の不良債権処理問題を共通のテーマに研究を続けてきたが、もう一つの重要なテーマが、バブル期における銀行の役割ということであった。サブプライム問題はアメリカの住宅ブームの中で発生したもので、基本的にはバブル問題における銀行の役割を問うものである。しかし今後は、特にサブプライム問題と金融当局の対応も大きな問題となる。

アメリカのバブル問題と金融当局の対応という点について日本の新聞紙上で取り上げられているが、そこでは、「ブラックマンデーの教訓から、グリーンスパン議長はその都度、金融緩和で危機を乗り切ったが、そのたびに新たなバブルをこしらえている」と説明している。(7) サブプライム問題は、証券化のリスク分散システムに対して、金融当局や金融機関の対策が後手に回った典型例と言える。

中央銀行が資産価格の騰貴をいかに抑制するかが、重要な社会的使命を持つ。日本の経験が示すようにバブル崩壊後の金融機関への公的資金の投入という膨大な事後的な社会的調整コストを考えれば、それは当然なことであろう。

### (2) 中央銀行と国際的な協調

二〇〇七年一二月一七日から、欧米の五つの主要中央銀行が協調してサブプライム対策として短期金融市場に対して緊急に大量の資金供給を実施することが発表された。金融不安に対処するための金融機関支援策である。この国際的な協調による中央銀行の短期金融市場での流動性管理に向けた資金供給政策は、金融不安の深刻さつまり金融危機的兆候を示すものである。

サブプライム問題が世界経済に及ぼした影響は、一〇月一九日に開催された先進七カ国財務省・中央銀行総裁会議（G７）においてもその深刻さが確認された。一〇月一九日にニューヨーク市場での株価が大幅に下落する状況の中、G７においてもサブプライム問題による金融危機への再発防止対策は、まだこれからの課題である。

サブプライム問題が提起しているのは、証券化された金融商品の高度に複雑な商品設計は個々の金融商品のリスク評価に基づいて再構成されたものであるはずだが、ひとたび金融商品の商品としての品質に疑念が生じると、その複雑さの故にリスクを再評価してリスクを解消する方法が見当たらないという点である。

サブプライムローンがもたらした市場リスクの問題は短期金融市場で集中的に現れている。特に、サブプライムを含んだ資産担保ＣＰは市場機能が完全に麻痺している。見かけがどんなに立派な商品であっても、少しでも、まがい物が交っていれば商品価値が無価値になるというのが単純な商品論（商品評価）の世界である。サブプライムローンの証券化商品を組み込んだ複雑な金融商品がいま、この単純な商品論の現実に直面しているのである。

### 第一〇節　公聴会　二〇〇七――消費者保護と第二市場

二〇〇七年の金融不安下の中でサブプライム問題に関して頻繁に公聴会が開催された。社会問題化された中での公聴会のテーマの中心は略奪的貸付や差し押さえの実態把握とそれを防ぐことが目的とされている。その分析の中で第二市場の発展と拡大が問題とされている。第二市場の発展を支えた資本増加と参加機関の存在が、略奪的貸付を行う貸付業者の第三者へのリスクの負担転嫁、すなわちリスク分散を容易にすることになったからである。サブプライム問題の消費者保護は、第二市場（流通市場）の構造問題でもあったのである。

下院の公聴会[8]でＦＤＩＣはモーゲージの差し押さえの増大の原因としてサブプライムＡＲＭ問題を重視し、そしてサブプライム・モーゲージ市場の証券化の増大を詳細に考察した[9]。証券化の構造のもとで借り手に低所得者が加われることになったがサブプライム市場において貸し手と借り手の関係が大きく変わることになったのである。

サブプライム問題について、住宅金融市場ではＦＨＡの役割が大きいが、ＦＨＡはこれまでサブプライム貸付の保証はしていないが返済能力があり、ＦＨＡ金融に十分な財産があればサブプライムの借り手に対して可能な限り支援ができるとしている。(10)

また、証券化を支える第二市場の参加者団体は州レベルの略奪的貸付規制法に批判的であるし、第二市場への規制にも強く反対している。(11)

ここで問題とされるのは、サブプライム貸付は圧倒的にマイノリティーの借り手が多く、そこで特に略奪的貸付が彼らに経済的な打撃を与えているという事実である。問題はこれまでの消費者保護に関してみてきたように、一九九四年のＨＯＥＰＡが議会を通過した以降、むしろ事態が悪くなっていることにある。貸し手の側が法の抜け穴をみつけてきたからである。

そして、州において一九九九年に最初の反略奪的貸付法を成立させたノース・カロライナ州の例をはじめとした州レベルでの略奪的貸付への対抗策を検討している。

しかし残念なことに、サブプライム市場が急成長したこの一〇年の間で、過度な手数料や不正な繰上げ償還違約金などが増大した。この住宅金融分野で信用の利用可能性は拡大したけれども、エクイティーを奪われたり、差し押さえたりするスピードは他の消費者金融よりもはるかに速くなっている。政策当局が責任ある貸し手をつくることが求められる。この主張がサブプライム市場における消費者保護の基本である。

しかし事態はさらに悪化した。サブプライム問題が社会問題化した二〇〇七年には三月の国際金融市場の不安と動揺を契機に明らかに政治問題化してきた。二〇〇七年五月八日の下院金融サービス委員会での小委員会の公聴会で、この基調の上に改めて問題が提起されている。

二〇〇七年五月八日の下院金融サービス委員会小委員会の公聴会は「サブプライム・モーゲージ貸付市場での第二市場の役割」がテーマであった。

ここでは略奪的貸付問題に取り組んでいる「信頼できる貸し手を求めるセンター」を代表してカルフォウン（Michael D. Calhoun）が投資家、格付け機関、政府支援企業体（ＧＳＥｓ）が、リスクの高いサブプライム貸付が生み出す損失を防ぐためにどのような措置を講ずる責務があるかを問うている。

①ここで消費者団体が問題にするのは住宅金融における第二市場つまり流通市場の発展におけるウォール街の銀行家の役割である。

サブプライム市場の成長によってリスクが高くなった反面、リターン（収益）も増大したことからウォール街の銀行家がモーゲージに注目し、その需要の大きさから貸し手は借り手の返済能力などを無視するようになったのである。サブプライム市場においてリスクの高い特徴を持つ貸付が抵当流れの高いリスクを持っていることは十分に知られていた。②しかし、サブプライムの貸し手がリターンを求めてこのような返済が難しいと分かっているさまざまな貸付方式を信用不安のある借り手へのモーゲージ貸付としたのである。そして、これらのリスクの高いモーゲージを担保とする証券が第二市場で売られることになった。③その結果、二〇〇六年六月三〇日時点でモーゲージ担保証券がアメリカ債券市場の中で最大のシェアを占める市場となったのである。そして第二市場でブローカーや投資家の役割を検討し、モーゲージ担保証券の信用リスクを評価する第三者の格付け機関を取り上げるが格付け機関は個々の借り手への貸付内容に決定を下すものではない。

④格付け機関の関心はプールされた債権が投資家に収益を生むかどうかにあるからである。かくして

リスクの高い貸付が増大し、サブプライム担保投資は住宅の価格が高騰している時には市場で好調であった。しかし、問題は住宅の価格の低下という警戒感が広がったにもかかわらず、ウォール街の銀行家がサブプライムへの需要量を維持し続けたことである。⑤つまり、市場の発展のために、貸し手は引受のガイドラインを緩和して、より危険な商品を開発し、ウォール街の銀行家がこれらの貸付を買い続けたということである。このような状況で貸し手が最も利用した貸付がハイブリッドな変動金利モーゲージ〔Adjustable rate mortgage（ARMｓ）〕であった。これらの貸付はスタート時点では月々の金利は二年ほど低く設定されているがその期間が過ぎると金利が上昇するため、重大な支払いショックが起きやすい。そこで家屋の価格が上昇している時にはほとんどの借り手は支払いショックの前に借りかえをしていたのである。⑥ところで第二市場では、ファニーメイ、フレディマックといった政府支援事業体（ＧＳＥｓ）も、中・低所得家族の支払い能力が考慮されない貸付を担保としたサブプライム証券を買ってきた。しかし、この二月にフレディマックは悪用されたサブプライム貸付を担保としたモーゲージ担保証券をもはや購入しないと発表した。これは重要な措置である。また最近ファニーメイ、フレディマックが発表した借り手を救済するという約束を歓迎している。

⑦そして住宅当局や議会が反略奪的貸付向けたガイドラインの強化をすることを求めている。また格付け機関が証券化されたサブプライム・モーゲージのほぼ八〇パーセントが金利変更型でありながら、今日までサブプライム・モーゲージを担保にした証券に危険信号を掲げたことがなかったことに注意を喚起している。

そして、サブプライム貸付と第二次市場にはさまざまな構成要素が組み合わさっているが、一番重要な根本的な政策は、家族にとっての安定した持ち家であると締めくくっている。[13]

さらに、ＡＲＭについてもその問題点を取り上げる。その主張は、①サブプライム市場での差し押さえの広がり――この現代のモーゲージ時代に高い率で家屋が失われていることを緊急に述べる必要があること。②しかし、今なお危険な貸付への強い誘因が続いていること。貸付の質についての説明責任、モーゲージ市場に最も影響力を持つ、投資家、格付け機関、政府支援企業体（ＧＳＥｓ）が積極的に果すべき義務があることである。その中で危険度の高い金融産物であるハイブリッドな変動金利モーゲージ例えば二／二八ＡＲＭｓへの投資家の需要問題を取り上げている。

①貸付業者がサブプライム貸付への需要を与える主要な方法が危険なハイブリッド産物、ＡＲＭｓを供給することで、貸付業者は今日に至るまでこれを与え続けている。

②これらのモーゲージ貸付は結局深刻な支払いショックを引き起こすのである。

①ハイブリッドなモーゲージの典型である二／二八は「二年の『バルーン』(balloon)（後で金利が風船のように膨らむ）貸付」とも呼ばれる。このＡＲＭは最初の二年が借り手の気をそそる（teaser）固定金利でその後残高に対して変動金利になる。その他の同様のハイブリッドなモーゲージには三／二七がある。二〇〇六年第二・四半期にハイブリッドなＡＲＭｓは投資証券としてパッケージされたサブプライム貸付の八一％になっている。これは二〇〇二年の六四％からの上昇である。借り手の多くが二年間の teaser 金利のあと、金利変更で返済困難に直面している。②しかし、これを推進したのはモーゲージ投資家でこれらの貸付は極端に繰り上げ償還が高いがそれは計画された支払いショックによって引き起こされたものである。ほんのわずかの家族でしか、三〇％から四〇％への支払いの増加に対応で

きないであろう。こうした実情から投資家が家族の家屋を賭博の標的にしないようにさせること。③貸付の質への説明責任、権利を譲り受ける人の責任、そして差し押さえを防止し、貸付の質を改善するためのリーダーシップが緊急に必要である。これについてはＧＳＥｓの役割が大きく、フレディマックがもはや悪質なサブプライム貸付を裏づけにしたモーゲージ担保証券を購入しないと発表したことは重要な第一歩である。また、ファニーメイとフレディマックがサブプライム金利に苦しんでいる借り手を助けると言明したことは評価できる。ともあれ家族が家を持ち続けることができるかどうかが将来のアメリカ経済の健全性に対して重大な意義を持つのである。(14)

法律事務所の専門家マリガン（Mulligan）は、一九九九年のノース・カロライナ州に始まる略奪的貸付へ対抗する州の規正法を取り上げ、少なくとも四七州が、こうした規制法を通過させているが、これは連邦法を強化し、連邦法で規制できていないギャップをうめることを意図していると証言した。

そして一九九四年のＨＯＰＥＡや二〇〇五年三月一五日に提出された「責任ある貸し手法」(HR1295)に触れながら流通市場で近年取り上げられてきている流通市場の譲り受人責任を論じ、統一的な全国的貸付基準の意義を説いている。(15)

しかし、サブプライム市場の問題について、モーゲージ銀行協会は、原因は貸付形態にあるのではないと次のように主張する。

①サブプライムＡＲＭｓのうち延滞や差し押さえにつながるものもいくつかあるが、全体の割合からみると低い。ほとんどの住宅所有者は差し押さえのリスクを持っていない。現在の差し押さえ率は過去の割合からはずれたものではなくアメリカの経済のマクロ経済を特徴づけるものではない。②サブプラ

イム市場の問題の要因は過大な資本容量、住宅価格、評価の低落、特定地域の失業の増大である。[16]

通貨監督局のデュガン（Dugan）は、二〇〇七年九月五日に開催された信用およびモーゲージ市場の動向と消費者問題を取り上げた公聴会で、「高利回りの金融手段を求める投資家による豊富な流動性」によってそれまでモーゲージ金融を手に入れることができなかった消費者にも新しいモーゲージ産物を提供できた背景を説明している。

まず、通貨監督局としてはサブプライム市場に国法銀行はあまり関わってはいないことを強調する。ここでモーゲージ市場の急速な発展について新規参加者が商業銀行制度の枠外で活動し、私的なモーゲージ導管（conduits）に依存していること。新規に開発されたモーゲージ産物は政府支援企業体（ＧＳＥｓ）よりも私的なモーゲージ投資家に売られたことを指摘している。

①モーゲージ市場は二〇〇一年から二〇〇四年にかけて急成長した。そこには金融業務の経験に乏しく、規制上の監視もうけない貸付業者やブローカーが新しく参入してきた。「こうした新規の市場参入者の多くは商業銀行制度の外で活動した」のである。②実際、新規に開発されたモーゲージ産物の多くは伝統的に第二市場を支配してきた政府支援企業体（ＧＳＥｓ）よりも私的なモーゲージ投資家に売られた。③私的なモーゲージ導管による証券化産物がモーゲージ市場全体に占める割合は二〇〇〇年末の八・五％から二〇〇七年の第一の四半期末では一九％へと倍増した。他方でＧＳＥｓによって証券化された割合は四七％から三八％へと低下することになった。ただ銀行の保有割合はほぼ変わらないもののＧＳＥｓ関連の証券化産物の保有割合を増加させている。[17]

二〇〇七年九月一二日、シューマー（Charles E. Schumer）合同経済委員会議長は経済危機が進展するかを問う公聴会を開催した。[18] 趣旨はこの時点で約二〇〇万人の住宅所有者が今後一五ヶ月にわたって延滞の可能性がある。住宅市場は二〇〇八年まで回復が難しい。二〇〇七年第二四半期に、サブプライム市場、プライム市場とともに差し押さえと延滞が増加した。雇用の伸びが低下。信用市場の逼迫の懸念材料がある中でサブプライム市場の延滞の嵐をいかに転換させ経済への影響を少なくとどめることができるかを検討するものである。[19]

この公聴会で述べられたサブプライム市場の状況についてみてみよう。[20]

サブプライム市場の状況については、①サブプライム・モーゲージが多くの借り手に恩恵を与えてきたこと。差し押さえ率に注目が集まっているが八五％以上の借り手は支払いを期日通りにしていることが指摘されている。

しかし、②サブプライム市場ではＡＲＭｓの問題があり、繰上げ償還違約金は通常プライム市場にはみられない。③サブプライム市場発展の要因の第一は一九八〇年代のモーゲージ市場への参加機関の緩和、第二に一九九〇年代の新たな信用スコア技術の開発、第三にサブプライム市場の証券化の拡大である。また、④一部には引受基準が抜けおちている。信用履歴に著しく問題がある借り手への貸付や、貸付にあたって借り手の所得や資産を示す書類を求めない場合もみられる。これらは借り手の返済能力を誇張するものである。これらの問題は貸し手の側から起こっている。⑤これまでのモーゲージ金融の伝統的な形態では、ローンのオリジネーターもそのローンをポートフォリオに持ち、借り手の返済能力に強い関心を持っていた。ところが、モーゲージ金融の証券化ではオリジネーターはモーゲージを第三者に売却し、手数料を得るが借り手についての適切な情報の開示に対してほとんど報酬を得ることはない。

その結果オリジネーターは引受に注意を払わなくなっている、⑥借り手の中にはモーゲージの複雑な条件を理解できない人々がいるし、オリジネーターはそのような借り手を利用している。変動金利モーゲージなどは初めて借り入れをする人は理解しがたいものである、⑦問題は死の直面にグラムリッチ理事が講演で問いかけたように、なぜ最も危険度が高いローン製品が最も仕組みが分からない人々に売られているか、ということである、⑧サブプライム市場が問題に直面するのは二〇〇四年にサブプライムARMsの延滞が上昇し始めて以降である。二〇〇七年にはサブプライムARMsの約一七％が延滞となった。金融引き締めでこの期間にモーゲージ金利が上昇し、ARMsの借り手の中には低い固定金利から変動金利へリセットする際に高金利になって債務不履行となるものや返済の増額を回避するための借り換えが困難な人々がでてくることになった。またほとんど現金を持たずに家を購入した人の中には住宅価格の低落でエクイティーが消滅した人もいるのである、⑨こうした問題によってサブプライム・モーゲージ担保証券への投資家の信頼は低下することになった。

この指摘にあるように今日のサブプライム問題は二〇〇四年からのサブプライム市場でのARMsの急成長という極めて短期間に作り出されたものであり、このことが何よりの特徴なのである。

### ⑴ 公聴会と規制法案の動き

二〇〇七年三月二九日、下院に、包括的FHA法案である「二〇〇七年住宅所有の拡大」法案（H.R. 1852）が提出された。①提出者のひとりであるウォーターズ（Maxine Waters）下院小委員会委員長によればこの法案の趣旨は「住宅所有というアメリカンドリームを求める低・中所得の家族へのモーゲージ保証の提供者である連邦住宅局（ＦＨＡ）を復興させること」である。これまでライフライン・バンキングをはじめ消費者保護の中心メンバーであったウォーターズはモーゲージ貸付市場の安定を取り戻すためにこの法案の早急に可決することを求めている。ウォーターズによれば、サブプライム貸付市場が危い状態にある。年末までに予測される推定二〇〇万のモーゲージ貸付が不履行となり、差し押さえが増加する。それ故にＦＨＡの活性化が必要である。②この観点からウォーターズはＦＨＡのサブプライム市場への参入とリスクの高い借り手への引受の拡大、ＦＨＡのリバース・モーゲージ・ローンによってホーム・エクイティーは豊かだが、現金が乏しい高齢者のニーズを満たすようにすることなどを上げている。(20)

これはサブプライム問題に対応した「包括的なＦＨＡ改革」法案であったが二〇〇七年五月七日、下院銀行委員会を通過した。

①この法案はＦＨＡが低・中所得の家族のために必要なモーゲージ・ローン保証の歴史的な役割の復活させるものである。そして、住宅都市開発省をよりリスクの高い借り手の役に立つようにして略奪的貸付から防ぎ、貸付額も引き上げるようにすることを目的としている。②ウォーターズはこの法案の通過は低・所得者の借り手が安心して借り換えのできない今日の不安定なモーゲージ市場を活性化させるための重要な一歩であり、住宅市場をコストの高い地域へ拡大することになると述べた。特にこの法案はＦＨＡを現代化し、二一世紀の住宅市場の現実にあったものにさせるものである。審議中に修正が加えられ、この法案は通過したのであった。

このように住宅所有者保護として最も関心の高い法案として注目を集めてきたが、九月一八日、下院で「包括的ＦＨＡ改革」法案が通過した。この法案の趣旨は、サブプライム借り手のために利率と条件を改定し、略奪的貸付に向かうのではなく、借り換えの機会を与えるものである。この法案はそのため諸条項を含んだものである。[21]

また二〇〇七年九月一九日にアメリカ議会経済合同委員会で経済危機とサブプライム問題についての公聴会が開催された。[22]

ここでの証言者のひとりは、モーゲージ市場の問題点としてＡＲＭｓなどを上げながらモーゲージ市場の発展の理由として一九八〇年代の規制緩和と一九九〇年代の信用表示技術の発展そしてサブプライム市場における証券化の進展を上げている。[23]

こうしてモーゲージ市場が取り上げられる中、二〇〇七年九月二〇日、ポールソン財務長官は下院の公聴会において次のように証言した。[24]

### ⑵　信用の再評価

①サブプライム・モーゲージの業績は予想を上回る高い率の延滞と債務不履行の結果として悪化した。この結果、サブプライム・モーゲージ担保証券の将来の見通しと信用格付け機関がこれらの証券を格付けした方法に不確性が生じたのである。このためこれらの証券のリスクと価格は再評価されることになった。そして他の資産の価値にも影響が及んでいる。それはグローバルな資本市場での再評価なのである。かなり迅速に対応できた市場では投資家の信頼を得ている。②しかし、まだ流動性が不十分な市場もある。それはジャンボ・モーゲージ市場、レバレッジド・ローン市場（leveraged loan market)、

資産担保コマーシャル・ペーパー市場である。信用市場の重要性から、連邦準備は公開市場操作を通じて追加準備を供給し、公定歩合の引き下げなどの措置をとり金融市場の安定化に努めてきたのである。信用の再評価の中でサブプライム市場での問題に行政の側はどのような計画を持って対処するのか。この点をみてみよう。

### (3) サブプライム市場の成長

①一九九〇年代初めに開始されたサブプライム市場は何百万人というアメリカ人に信用と住宅所有への接近を増進し、信用履歴が完全でない人々にもプライムレートよりも高いレートでモーゲージ信用に接近しやすくしてきた。個人や家族はこの新しい資金源泉を使って借り替えや住宅の購入を通じてホーム・エクイティーの富への道が開かれた。一九九四年にはサブプライム市場はモーゲージオリジネーションの五％以下であったが、二〇〇五年には二〇％にまで増大してきた。これによって、住宅所有率も増加した。このサブプライム市場の成長を容易にしたのが証券化であった。②その典型である民間モーゲージ証券化（private label mortgage securitization）ではモーゲージのオリジネーターがローンを証券化スポンサーに移転し、証券化スポンサーはこれらのローンをプールしてモーゲージ担保証券にし、細かく分けてこれらの証券を投資家に売る。こうして証券化によって投資家が選好しやすいリスク別の証券がつくられ、信用の利用可能性が広がるのである。このような発展でモーゲージ資本が増大してより多くの産物が低いコストでつくられ、投資家のリスク分散が大きくなる。証券化はこうした利益をもたらしたが、いくつかの戦わなければならない課題をもたらした。それがＣＤＯの発展である。③モーゲー

ジ担保ＣＤＯは二〇〇六年にはＣＤＯ市場のほぼ四〇％を占め、モーゲージ担保証券の主要な購入者の一つであり、特に低い格付けのトランシュ（tranches）を購入してきた。信用格付け機関は個々のモーゲージ担保証券とＣＤＯの双方についてスポンサーと密接に活動してさまざまな信用リスクを格付けしてきたのである。④サブプライム市場で特に課題はハイブリッドな変動金利モーゲージの著しい増大である。これは初期の期間は固定利子で数年後にリセットされるもので最も普及しているのが二／二八である。二／二八では最初の二年の固定利子はリセット時の最初の変動金利よりも低い。このハイブリッドの変動金利モーゲージは過去の住宅価格が上昇している時には借り手にとっては魅力的であった。しかし、近年の住宅価格評価の低落では借り替えが困難になった。⑤サブプライム市場でのもう一つの問題は引受基準が緩和されたことである。その結果、特に二〇〇五年と二〇〇六年に債務不履行が増大した。このことは新しい問題ではなくサブプライム市場の成長とともに一部の非合法なものを含めて増加してきたことでもある。これらの要因が組みあわさって起こったモーゲージの延滞と差し押さえは、サブプライムの変動金利モーゲージと特定の地域に集中している。⑥このような状況に対してブッシュ大統領は住宅所有を保護し、住宅金融システムを改善するための積極的な施策を展開した。財務省と住宅都市開発省は共同してこの施策に沿った活動をしている。地域の機関モーゲージ・サービサー、モーゲージ金融機関は借り手が差し押さえにあうのを避ける上で重要な役割を果すことになる。政府支援企業体（ＧＳＥｓ）である。ファニーメイ、フレディマックや預金金融機関は借り手が既存の債務を借り換えしやすいモーゲージ商品を開発することになる。このようにサブプライム市場での課題に我々は立ち向かう努力を続けてゆくのである。

みられるように、金融危機に対する政府・財務省の当面の課題は、サブプライム市場を中心とした住宅問題であり、借り手の保護・救済である。この金融危機への柱としての消費者保護政策が住宅市場破綻への事後的な社会的調整コストとなるのである。

(4) 議会と規制立法化の動き

二〇〇七年一一月一五日の報道で、アメリカの下院は、二九一対一二七で略奪的貸付を規制する「モーゲージ改革と二〇〇七年略奪的貸付防止法」(The Mortgage Reform and Anti-Predatory Lending Act of, 2007)(H. R. 3915)を承認したことが伝えられた。[28]

小括

二〇〇八年三月から四月にかけて上院で住宅問題での救済策が共和・民主両党の協議によって審議され、法案が可決された。議会での救済に向けた動向も急速に進展しはじめたということである。その背景にあるサブプライム市場の証券化の動向、特に住宅ブームに対応した二〇〇〇年以降の急激な変化がサブプライム問題の根幹にあることを財務省は十分に把握していた。それはポールソン財務長官の証言からも明らかであろう。国内の社会問題としての借り手保護としての救済策は政治問題としての焦眉の課題となってきたのである。同時に金融機関への経営危機の深化も明らかになってきた。しかし、証券市場でのヘッジファンド等への規制が話題になっても具体的対応はとられていない。市場機能の不全化の中で金融危機に対処する政策はみあたらない。当面はサブプライム市場の鎮静化を通じた金融危機の鎮静化こそが最大の政策課題なのである。住宅問題としての救済策はこの脈略で捉えられるべき戦略課題なのである。

## 第一一節　日本と中国の金融機関への影響

### (1) サブプライム問題と国際的な金融の再編成

欧米の金融機関がサブプライム問題で予想を超える大幅な損失の拡大が続く中、意外な報道がなされた。「シティと三菱の逆転（けいざい解読）」（『日本経済新聞』二〇〇七年一一月二五日）である。ここで指標となっているのは国際的基準としての自己資本比率である。サブプライム問題の影響で自己資本比率がシティグループ七・三％、三菱ＵＦＪ七・七％と逆転したというのである。（二〇〇〇年九月末）これは証券化を軸に国際化戦略で収益基盤を固めたシティグループに対して、サブプライム問題で堅実な政策をとってきた三菱ＵＦＪが国際的な地位を逆転したことを示している。

しかし、その分析では日本の銀行がまだ国際的な競争力を持っていないことを指摘した上で、国際的な金融再編と中国の躍進を問題視している。サブプライム市場に揺れる証券化市場に日本と中国との金融機関が今後、どのように対応するかが問われているのである。

### (2) リスク管理と銀行経営

サブプライム問題は、日本の銀行にとって経営上は欧米の金融機関ほど深刻ではない。しかし、リスク管理の面では問題をかかえている。不良債権処理の峠を越えた日本のメガバンクは、サブプライム問題を契機に国際化戦略におけるリスク管理の問題に、直面しているということである。

こうして消費者保護としての住宅問題と経済再生の鍵を握る住宅市場再生問題が、アメリカでのサブプライム金融恐慌対策への基本課題となったのである。

### (3) 日本の大手銀行の復活と国際化戦略

サブプライム問題は、日本の大手銀行にも影響を及ぼしている。それは、経営基盤が安定しない状況での金融危機への今後の対応である。大手銀行がグローバル化の中でいかに差別化、競争力の強化を図れるか。新たな金融ビジネスモデルの模索である。最大の課題であった不良債権の処理後、日本のメガバンクが国際化戦略を描く前に証券化市場の危機の中で復活へ向けた新たな国際化戦略を迫られている。

### (4) 日本の金融機関とサブプライム問題

二〇〇七年の半ば頃、サブプライム問題は日本の金融機関に与える影響は小さいとみられていた。しかし、二〇〇八年の景気動向をみてみると、意外とその影響は大きいと思われる。証券化市場の金融不安と株式市場の下落傾向は、銀行にとって貸し出しを手控える大きな要因である。証券化市場の動向を見極め、損失の確定が明らかになるまで、貸し出しを抑制し、ファンドへの融資にも慎重になることから、景気の下降化はやむをえない。このように実態経済への影響は予想以上に早く現れるとみるべきであろう。

### (5) 中国の金融危機と金融持株会社による銀行の近代化

サブプライム問題の日本への影響は大きくないと報道されている。しかし、証券化市場の悪化にしたがって日本の金融機関への影響もそれなりに拡大しつつある。中国の金融機関も損失を被ったが、問題視するほどではないとしている。しかし、中国人民銀行が、サブプライム問題の動向を重視していることは伝えられている。それは、中国人民銀行が二〇〇七年一一月八日に公表した第三四半期の報告でも、銀行の貸し出しへの懸念が表明されていることにも示されている。

サブプライム問題は中国の金融機関の国際化の中で、最初の試練である。中国の金融機関は、国内では住宅バブルを抱えながら、体外的にはこれまでの国際金融市場からの〈市場の評価〉に加えて新たな〈証券化市場への対応〉を迫られることになるからである。

とはいえ、サブプライム金融危機が中国に及ぼした影響は、資本主義諸国に比べるとそれ程大きくはない。中国が銀行へと集中するリスクの分散化を求めて証券化市場の形成を開始しようとする時に、サブプライム金融危機が勃発したからである。しかし、中国の金融危機としての不良債権処理問題は、国有商業銀行の株式会社化と上場という近代化を実現するうえで不可避な重要問題であった。そしてこの課題を着実に果すことで中国の銀行制度は近代化され、世界的にも大きな存在感を示している。しかし、この銀行制度の近代化は中国の外貨準備の増大を背景に公的資本の注入を含めた政府支援に支えられたものであった。

サブプライム金融危機は資本主義諸国に国家市場経済をひきおこし、新しい危機対応型の市場経済段階に入った。そこでは、アメリカでそれまで主流となっていた金融持株会社による銀行・証券・保険の金融統合プランは破綻した。しかし、中国では外貨準備の増大を背景に設立された中国の政府系ファンドである中国投資有限公司の子会社である中国匯金投資有限責任公司が四大商業銀行を含む多くの重要な金融機関の支配株主となる、いわば金融持株会社となって銀行への資金的支援と近代化へのサポートをおこなっている。

国家市場経済下で資本主義諸国は金融危機から財政危機への危機の連鎖の途上にある。市場再生のための国家市場経済はその新たな市場段階としての役割を十分に果たしていない。他方、中国は市場経済への移行過程で、国家＝政府支援による金融持株会社方式で主要銀行の管理＝強化による近代化を推進している。サブプライム金融危機は国家市場経済という国家＝政府主導の市場経済段階を生むと同時に、さらに国家市場経済の制度的な対立軸、すなわち一方における金融機関の統合化の破綻と、他方における国家＝政府主導の金融持株会社を通じた銀行支配という対極的な構造を生み出している。サブプライム金融危機は国家市場経済を通じて市場経済の今後のあり方を問い続けているといってよいであろう。

この対極の中で中国は市場経済発展に伴う金利の自由化を促すシャドーバンキング問題を経験し、国内の不良債権問題の潜在化と金融業務の国際化に直面している。それらを通じて社会主義的市場経済は資本主義市場経済との共通項を深め、相互に影響しあう市場構造を造出しているのである。

# 第5章　私のサブプライム危機と中国経済に関するいくつかの論点

詹　向阳

二〇〇七年第3四半期に起こったアメリカのサブプライム危機は一年続いたのちに、二〇〇八年第3四半期後に突如悪化し、世界的な金融危機を呼び起こし、全世界を経済危機という崖っぷちに追いやった。この金融の「津波」に直面して、各国の政府や学者たちは、みな同じ問題について考えをめぐらしている。いったいどうしてこの危機が起こったのであろうか。この危機の影響はいったいどれくらいのものになるのであろうか。この悲しい叫びのなかで、人々の視線は中国に集中した。いまや世界経済の成長を牽引する国となった中国は、この金融の津波の中で、アメリカやその他の先進国の経済と同じ命運をたどるのであろうか。これについて筆者個人の意見をここに紹介したいと思う。

## 第一節　アメリカのサブプライム危機が起こった根源的な原因

直接的には、アメリカの金融機関は短期業績や利益を追うあまり、経済の好調期に貸付の基準を緩め、リスク対応策を甘くし、リスクを積み上げたこと。格付け機関が金融派生商品の格付け時に、良い格付けを付与し続けたが、リスクについては言及することがなかったこと。そして、アメリカ政府はマクロ監督者として、長期的に資産価格の過大評価や金融派生商品の過剰取引に何の制限も加えず、傍観していたこと。これらがサブプライム危機を生み出す直接的な原因となった。しかし、その根源をたどると、三つの反省すべき点があると考える。

まず、アメリカ式の経済成長方式に問題があったこと。アメリカ経済は消費を主とした経済で、特に国家と国民の借金を元手とした、消費と負債を元手とした経営は、基本的な経済的特徴となっている。統計によると、二〇〇七年のアメリカのＧＤＰは一一・五兆ドルで、その一方で二〇〇七年のアメリカの債券市場の総残高は三一・七二兆ドルに達しており、その年のＧＤＰの約三倍となっている。その中でも、アメリカの国債残高は約九兆ドルで、そのＧＤＰに対する割合は六五・五％である。ここから、アメリカは主に債券発行によって、その過度な発展を支えてきたことがみて取れる。同じように統計からわかることとして、アメリカの国民は貸付あるいはローンを通して、過度な消費を支えてきたことがある。二〇〇七年末までのアメリカ全国の消費者向け貸付総額は二兆五二一三億七〇〇〇万ドルで、その中でもクレジットカード貸付金額は一兆ドル近くに達する。こういうローン消費と外国資本への過度な依存は、財政と国際貿易収支の「双子の赤字」を生み出し、経済構造は悪化していった。統計によると、二〇〇七年度（二〇〇六年一〇月〜二〇〇七年九月）のアメリカの財政赤字規模は、一六二五・二七億ドルに達し、二〇〇八年度（二〇〇七年一〇月〜二〇〇八年九月）のアメリカの財政赤字の規模は大幅に増え、四五四八億六〇〇万ドルに達するという。これと同様に深刻なのは、アメリカの貿易赤字で、二〇〇七年のアメリカの貿易赤字は七〇〇二億五九〇〇万ドルに達している。深層からみると、アメリカの経済構造はバランスを欠いており、借金に依存した成長モデルに、このたびのサブプライム危機を生み出した根本的な原因があるといえよう。これは我々に、アメリカのような借金成長方式では、経済成長は持続的発展が不可能であることを教えてくれる。

次に、市場は一切の問題をすべて自ら解決するものではない、ということである。市場には資源分配という重要な役割があるが、市場は万能ではない。かつ、金融リスクについてきちんと公開しないことにより、市場は万能でないどころか、リスクの遮蔽、隠匿が行われていることとなる。このたびのサブプライム危機は、金融派生商品誕生以来の初めての深刻な危機となったのである。金融派生商品には二つの局面があることはよく知られている。一面では金融市場転移とリスク分散を行う道具であり、もう一面では金融市場の取引を通して利益を得る手段である。まさに市場とその取引が金融派生商品のリスクを複雑にし、覆い隠すのである。貸付は、サブプライム貸付であろうとも、貸付という形式の時にはそのリスクは非常にわかりやすい。しかし金融派生商品という形式で市場に入ったのちは、取引が繰返されるたびにその格付けが上がり、そのもともとのリスクは市場によって覆い隠されてしまい、投資家には見分けることが難しくなる。さらに問題なのは、金融監督者が金融派生商品リスクを放任し、市場の金融派生商品リスクを隠蔽するにまかせ、有効な管理措置を何も採らなかったことで、金融市場間の必要な「延焼防止壁」が築かれなかった。これがこういう市場とその役割に対する「自由主義」政策で、さらに金融派生商品リスクの複雑性と、それに対するリスク管理が不適切であったため、それがサブプライム危機を急速に拡大させ、様々な市場に拡散して金融危機が発生した、重要な原因となったのである。

三番目として、グローバル金融構造のアンバランスさを改めなければいけない時期に、さしかかっているということである。現在の国際金融市場において、アメリカの債券と金融派生商品が占める市場占有率は高すぎ、各国の投資家が国際金融市場で買うことのできる商品は、ほとんどがアメリカの債券や金融派生商品である。国際決済銀行の統計によると、二〇〇七年末までの段階で、国際債券市場の債券総額は二一・五八億ドルで、その中でもアメリカドルによる債券の規模は七・五四万ドルに達し、国際債券市場の三五％を占める。同じように、二〇〇七年末までに国際派生商品市場の商品総額は五六・二四兆ドルで、その中でもアメリカドルの商品が約四六・九五兆ドルに達し、それは全商品の八三・五％にあたる。アメリカの一極集中は明らかで、債券などの金融市場の構造のアンバランスさが、サブプライム危機を全世界に蔓延させ、世界的な金融危機を引き起こして、全世界の経済生産に大きな破壊力をふるい、全世界を経済危機リスクに直面させた根源的な原因となったのである。

私は個人的に、これらサブプライム危機の根本原因を分析し、理解することで、各国が正確にこのサブプライム危機に対応することができ、類似した危機を今後発生させないために重要な意義を持つと考えている。

## 第二節　中国経済はこの危機に対抗できるか

この問題に関しては、私の答えは肯定的である。中国経済はこの世界的な金融危機への対応に成功し、経済の安定した成長を保つことができるであろう。その根拠としては三つ上げられる。

第一に、金融危機はアメリカで発生したのであって、中国では金融危機は発生しておらず、ましてや経済危機は発生していない。世界的にみるとサブプライム危機は金融危機を誘発し、経済生産にマイナス影響をもたらし、アメリカ経済と世界経済の衰退という脅威をもたらした。アメリカ経済は工業生産が縮小し、中古・新築住宅販売も連続してマイナス成長で、失業率も悪化しており、インフレ圧力も大きく、経済衰退という泥沼に突入しているといえよう。これと同時に、主要な先進国ではいっせいに経済周期の急激な逆転現象が起きている。二〇〇八年の第２四半期のユーロ圏の経済成長率は前年比マイナス〇・二%で、一九九五年以来のマイナス成長となった。ドイツ経済は前年比〇・五%縮小し、15四半期ぶりのマイナス成長となった。フランス経済は前年比〇・三%縮小し、22四半期ぶりのマイナス成長となった。イタリア経済は前年比〇・三%縮小し、13四半期において二度目のマイナス成長となった。日本経済は前四半期に比べ年率成長マイナス二・四%で、二〇〇一年第3四半期以来の低成長となった。イギリス経済は前年比ゼロ成長で、最近65四半期の中でも最低となった。EUや日本などの先進国では、すでに経済衰退の警報が鳴り響いているといえる。経済情勢の急激な悪化に対し、欧米のアナリストたちは、全世界が一九三〇年代の世界大恐慌以来の、さらに大きな危機に直面している可能性があると警告を発した。

しかしながら、先進国が衰退に向かっているのとは異なり、中国経済はずっと成長傾向を保っている。国家統計局のデータによれば、二〇〇八年の第1~第3四半期に、中国のGDPは前年同期比九・九%増で、社会投資総額は前年同期比二七%増、社会消費財小売総額は前年同期比二二%増、輸出入は前年同期比二五・二%増であった。三大需要の成長も二桁以上の成長を保っており、GDPの実際伸び率も年初の計画で定められた目標経済伸び率よりも、二ポイント近く高くなっていて、最近三〇年の平均経済伸び率を保っている。かつ、中国の金融も安定しており、二〇〇八年の第1~第3四半期の中国のM一とM二は、九・四三%と一五・二九%という増加を保っていて、九月末の金融機関の諸項目の貸付は前年同期比一四・四八%で、一~九月の人民元貸付は新規に三・四八兆元増加し、前年同期比一二〇一億元増加している。貨幣と貸付供給は正常であるといえ、流動性にも余裕がある。中国の物価も比較的安定しており、二〇〇八年四月に八・五%を超える物価高騰はあったものの、五月以降は少しずつ戻っており、九月には五％以下に落ちた。一月から九月のインフレ指数は、平均七％という許容範囲を保っている。そのため、サブプライム危機のもとでも、欧米や日本などの先進国や発展途上国では経済衰退やマイナス成長がみられるものの、中国経済は基本的に変化が見られず、金融危機も経済危機も発生しておらず、直面もしていないといえる。この点をまずはっきり認識しておかねばならない。

第二に、サブプライム危機とそれが引き起こした世界的な金融危機は、中国に必ず影響が及ぶことである。過去とは異なり、現在の中国はすでに世界経済の中に溶け込んでおり、特に二〇〇一年のＷＴＯ加盟以後、中国の経済・金融はすでに世界経済・金融の一部となっている。このため、全世界的な金融危機の中でひとり安全でいれるはずもない。中国の外貨準備と中国資本の商業銀行が持つドル資産は、サブプライム危機の中で同じようにリスクに晒されている。ただし、外貨投資は制約を受けているため、中国資本の商業銀行のドル保有資産量には限りがあり、このため、全体として投資損失にも限りがあり、中国金融システムと経済成長にあまり直接的な打撃は与えなかった。ただし、これと同時に、サブプライム危機がもたらした、間接的な影響は無視することができない。例えば、世界経済の成長の鈍化は、中国の輸出ひいては投資の増加に深刻な影響を与え、中国に継続的な環境リスクをもたらしている。全世界の株式市場は動揺し、流動性総量の変化もすでに中国資本市場の動揺を引き起こしている。国際金融環境の悪化は、中国金融の安定に困難をもたらし、中国金融システム改革の安定的な進行を妨げている。全世界の貨幣政策が緩められたことで、中国のインフレの潜在的圧力を強めている。外部の不確実で複雑な情勢が、中国のマクロコントロールの難度を高めている。これらのマイナス影響と脅威は、注目し続けねばならず、その時々で果断かつ妥当な措置をとることで、サブプライム危機の中国経済・金融に対するマイナス影響を最小化することができ、この挑戦を受け困難を克服すると同時に、長期的な安定的発展に向けた戦略をつかむ機会となっている。

三番目に、中国はこのサブプライム危機がもたらすマイナス影響への対処と、経済・金融の安定的で速い成長を確保することに成功するであろう。それは、以下の三点の基本的な判断による。

まず、中国の金融システムの安定と安全が、中国がサブプライム危機と全世界の金融危機に対抗するための基礎となるであろう。一九九七年の東南アジア金融危機の時には、中国金融業界は不良資産の負担があまりに重すぎ、潜在的な金融リスクは非常に大きかった。一〇年もの金融制度改革と発展により、中国はすでに国有銀行の不良債権比率が高く潜在的な金融リスクとなっていた状況から抜け出しており、現在の中国の金融業界の状況は昔とは比べ物にならないくらいに改善されている。特に最近五年間は、国家経済の要であった国有銀行が改編・改組を経て上場し、不良資産の累積問題も無事に解決し、収益力や競争力が大幅に強化され、国際的にも優良銀行の列に加わっており、中国金融システムの安定性が根本から改善されている。制度改正ののちの国有銀行はすでに連続五年、資産はすぐれた質を保ち、不良債権率も持続して低下しており、二〇〇八年九月末までにそれは二・五%以下という、国際的にも優良レベルを保っている。二〇〇八年に入ってからの九ヶ月、三大上場国有銀行の利益は、いまだ四〇%以上の伸び率を保ち、国際的にも収益力が最も強い銀行となっている。かつ、中国の銀行業界全体の流動性にも余裕があり、預金は大幅に増え、支払い能力もとても強い。中国金融業界と銀行業の安定は、我々がサブプライム危機に対抗するための固い基礎となっているともいえよう。

第二に、中国の経済には旺盛な内需があり、経済に持続的な成長への動力を提供している。まず、中国はまさに工業化・都市化が急速に発展している時期で、経済の内的動力が非常に強い。二〇〇八年一〇月までの間で、鉄道だけでも国家が許可した投資額は、すでに二万億元に達しており、その中でも建築プロジェクトへの投資規模は、すでに一・二億元を超えている。そのほかにも政府は、道路・空港・原子力発電所・水力発電所、港や埠頭などの基礎施設建設を多く許可しており、さらに南水北調（南方の水を北方に引くプロジェクト）では、東部一期工事の建設速度を速め、追加投資を行うことを決定している。関係報道によれば、今後三～五年で、交通部が交通関係に行う投資総額は、五兆元を超えるという。国務院が一一月九日に発表したばかりの一〇項目の措置では、二〇一〇年、国家の重点工事プロジェクトの投資は四万億元に達するという。かつ、三角地の一体化、中部の振興、西部大開発、海浜新区の建設、北部湾経済圏、海峡西岸経済ゾーンなどの地域開発戦略の展開と深化が進められ、中国の都市化はさらにその速度を速め、今後三～五年で都市化率は二〇〇七年の四四・九％から五〇～五五％前後という国際平均水準に高められる予定で、さらに大量の投資によって都市化を進める動力としなくてはならない。次に、「三農」建設が巨大な成長潜在力を持つということである。中国は全体として工業で農業を促進し、都市が農村発展を推進するという段階に入っており、伝統的農業の改造、中国的特色を持つ農業の現代化への道を歩み、都市と農村という二元化構造を打破し、都市と農村の発展の一体化という新しい局面に向けての重要な時期にさしかかっている。農村の経済発展は、中国の経済成長を突き動かす主な動力の一つとなっており、農村は投資や消費などの内需拡大の新たな焦点となっている。現在、そして今後何年かの間に、国家は農業水利などを重点とした農業の基礎施設建設を進め、川や湖などの治水を行い、集中して大・中規模の水利基本工事を行い、大・中規模の地域灌漑や、排水と灌漑のための揚水ポンプステーション施設の改造や水源工事などを進める。農村の基礎施設・生産・生活条件の改善を進め、節水灌漑、農村メタンガス、飲料水の安全化工事、農村の道路建設などに力を注ぎ、農村の電気やインターネット環境を整える。これらはすべて巨額の投資が必要である。三番目として、中国には巨大な地域発展格差と国内市場が存在し、経済の傾斜的発展と産業の早いレベルアップが、経済の持続的発展に広い空間をもたらすであろう。中国は広く、地域間に歴史的理由など様々な理由から大きな発展の格差があり、こういう地域発展のギャップは、中国の調和的発展のために解決しなければならない、大きな難題であると同時に、中国の発展と投資に巨大な空間的なギャップをもたらすものとなる。近年、産業のレベルアップや傾斜的転移速度が加速するにつれ、多くの産業が広東・浙江・江蘇・上海などの沿岸発達経済区域から、未発達の内地や西部に移転してきており、巨大な投資と消費需要をもたらしている。

三番目に、中国のマクロ政策担当部門の安定と活力は、サブプライム危機に対応するための可能性となっている。まず、一九九八年の東南アジアの金融危機の際、中国では内需拡大のマクロコントロール政策がとられ、それは成功した。この時、世界的な金融動揺の中で中国経済の安定を保ったことは、中国に今回の全世界の金融危機に対抗するための貴重な体験を与えてくれた。次に、中国のマクロ政策決定担当部門は、改革解放から三〇年の経験を総括したうえで、二〇〇四年にはすでに「科学的発展観」を明確に提出しており、都市と農村の発展、地域発展、経済と社会の発展、人と自然の調和のとれた発展、国内発展と対外開放を通して、中国経済発展モデルの徹底的な転換を実現させ、中国経済と社会の持続可能な発展を成功させようとしている。現在、科学的発展はすでに人の心に深く浸透し、経済社会の発展もその実践の中で徹底的に行われ、これが中国経済と社会の持続可能な発展にしっかりした思想的基盤を与えている。三番目として、二〇〇八年の第３四半期以後、経済リスクのもとで、マクロコントロールはすぐに「成長を保つ」ことに方向転換し、それは経済方式の転換も兼ねた。二〇〇八年八月一日から一〇月末まで、財政部と発展開発委員会と人民銀行などのマクロコントロール部門は、マクロ経済・株式市場・不動産・中小企業などに対し、金利引き下げ、減税などの二〇項目にもおよぶ政策を発表した。一一月九日、国務院はマクロ政策の方向を果敢にも調整し、積極財政政策と適度に貨幣政策を緩める政策を実施し、さらに内需拡大や安定成長を促進するための一〇項目におよぶ措置を発表し、内需をすばやく効果的・正確に拡大させることに力を入れた。第３四半期以降のマクロコントロール政策の集中度や、反応の速さや目的性の強さは未曾有のものであった。同時にマクロコントロール政策は一九九八年よりもさらに全面的に活性化され慎重に行われ、さらに経済成長と構造調整、短期利益と長期利益、投資と消費の促進と成長、改革のバランスのとれた発展を推し進めた。こうして、マクロコントロールの経験豊富さとマクロのコントロール能力の強化によって、中国はマクロ経済の大幅な動揺によるリスクを低減させることができた。

以上の三点に基づき、中国はサブプライム危機のマイナス影響に対抗することができ、経済の安定した快速成長を保っていくと、我々は自信を持って断言できるであろう。

# 第6章　サブプライム危機の向かう方向、その根源および影響

詹向阳

## 第一節　サブプライム危機の段階と最新動向

「水は船を乗せることができるが、また覆すこともできる」。サブプライム危機の潜伏・爆発・進展は金融イノベーションと経済ローンの発展が、「諸刃の剣」であることを示しており、経済の波が上向きの時、金融イノベーションは発展し、借金による消費が社会潮流になり、この両者は大きく経済繁栄を推進するが、経済の波が下向きの時には、過度のイノベーションや借金による消費の中のリスクが積み重なり、激しい爆発を起こし、金融動揺と経済衰退を深めるのである。

### (1) サブプライム危機の七つの段階

「水」を用いて今回のサブプライム危機の発展段階と、それぞれの段階転移をたとえることができる。サブプライム危機は潜伏、爆発、悪化からその後の広まり・深化、そして終息するまで、七つの段階を経るであろう。それは、「満ち潮」段階、「引き潮」段階、「地下水流」の段階、「津波」段階、「死の海」段階、「潮の変わり目」段階、「潮が戻る」段階である。

第一段階は、「満ち潮」段階である。この段階は二一世紀初めから二〇〇七年初めに見られた。この段階では欧米の金融情勢は、様々な住宅ローンが開発されて新たに提供され、経済分野では、消費の潜在力が十分に掘り起こされ、全体的に繁栄・発展にむかう潮が満ちるような特徴がみられた。

第二段階は「引き潮」段階である。この段階は二〇〇七年初めから二〇〇八年第２四半期までである。

この段階は、欧米の金利上昇に伴う不動産市場へのマイナス影響に一歩遅れて現れ、不動産市場、債券市場、銀行業の「満ち潮」段階で蓄積されたリスクが集中的に爆発し、金融業界と実体経済が分化するという特徴となり、金融の動揺が大きく金融機関が連鎖的に損害を受けるという背景の中で、欧米の実体経済には衰退傾向は見られなかった。二〇〇七年八月に市場にサブプライム危機が発生したとするのが普通だが、二〇〇七年の初めにサブプライム危機はその兆しが見られたため、我々は「引き潮」段階の起点を二〇〇七年初めとする。

第三段階は「地下水流」段階である。この段階は二〇〇八年七月初めから九月中旬である。この段階は大手不動産会社の危機に伴うもので、全世界の金融市場の「引き潮」段階とは明らかに異なる動きを持った現象で、リスクの潜在的蓄積と目につかない「地下での動き」が特徴である。この段階のサブプライム危機はすでに悪化の予兆が見られたが、大部分の市場では、市場の異なる動きを読み違えており、サブプライム危機から回復していると考え、欧州中央銀行が金利引き上げを行うなど、適当でない策略をとり、このの段階で危機は突如悪化し、市場がそれに対する伏線を張る時間もなかった。

第四段階は「津波」である。この段階は二〇〇八年九月中旬に始まり、終わるのはいつになるかわからない。この段階はリーマンブラザーズが破産を申請し、アメリカの政策救助が「清算主義」という過ちを再び犯す序幕となり、金融危機の急速な悪化と、経済危機の発端がみられたのを特徴とする。この段階でウォール街の投資方式は終わりをつげ、多くの金融機関が生存の危機にさらされ、金融市場は大幅に揺れ動き、アメリカ、ヨーロッパ、日本の経済衰退の傾向も確かとなった。「津波」段階では、サブプライム危機は経済と金融の二重の危機に変化し、金融危機をその中心としており、金融方面のリスクが最も強く、この段階の終了により金融危機は底を打つことになるであろう。二〇〇八年末時点で、貸付縮小は相変わらず厳しく、クレジットカード、消費者貸付、共同基金やヘッジファンドの問題もいまだ暴露されておらず、このため金融危機はいまだ続いている。現在、市場で最も楽観的な見方で、金融分野は二〇〇九年下半期に、あるいは一般的には二〇一〇年に、リスクが払底するとされている。しかし、一般的な観点ももっと厳しく判断すべきであるかもしれないと、私個人は感じている。

第五段階は「死の海」段階である。この段階の起点も終点も、現在のところまだ未確定要素があり、はっきりしない。この段階は金融リスクの払底を序幕とし、金融危機の底がみえたが、経済危機は悪化し続けるという特徴を持つ。この段階は、金融危機が実体経済におよぼした影響が全面的に現れ、欧米先進国の経済や世界の大部分の新興市場経済は、それぞれの程度で衰退という問題に直面している。この「死の海」段階では、双子の危機といわれるサブプライム危機と経済危機を中心として、経済分野の不況がもっとも深刻で、この段階は経済危機の底がみえたことがそのシンボルとなっており、同時にこの段階がサブプライム危機の底ともなった。市場における比較的楽観的な見方では、経済危機は二〇一一年に底がみえるとされているが、私はこの段階が終わるのは、二〇一二年あるいは二〇一三年ではないかと多少厳しく考えている。

第六段階は、「潮の変わり目」段階である。この段階の開始時期、収束時期は現在まだ不確定要素が多く決められない。この段階では、モデル転換、構造要素の調整、金融監督改革、ミクロ策略の転換が一通り行われたあと、その効果が現れ、全世界の経済の不均衡や国際貨幣システムの乱れにまずまずの改善がみられ、世界経済と国際金融が次第に回復してくる過程で、深層の変化が次々と現れてくるという特徴を持つ。この一連の深層変化は、全世界の資源配置がさらに合理的に、国際金融秩序がさらに安定の方向に向かっていることを示しており、次の段階で急速に回復するための、深層からの動力を提供するものである。

第七段階は、「潮が戻る」の段階である。この段階の開始時期、収束時期は現在まだ不確定要素が多く決められない。この段階の世界経済は新たな上昇にむけた時期となり、国際金融もそのタテ方向の発展を加速・深化させており、これと同時にマクロ金融のリスク管理能力も強められて、全体として理性的な成長・急速な復興が特徴となる。

二〇〇八年末現在、サブプライム危機は第四段階の「津波」段階にあり、今後「死の海」段階へ向かおうとしており、「潮の変わり目」や「潮の戻り」段階へは平穏に変化するというわけにはいかないかもしれない。多くの不確定要素があり、段階変化の具体的な時期は予測不可能で、かつ段階変化のなかで大きな動揺や、あるいは段階の後戻りという現象も起こりうるであろう。

⑵　新しい「金融危機第二波」はヨーロッパで起こる可能性がある

最近、市場では二〇〇九年金融危機に第二波が起き、それはヨーロッパで起きるのではないかという憂慮がしばしば語られる。我々の研究でも、これは杞憂ではないと考える。まず、経済指標によれば、東欧の危機はすでに起こっており、リスクはウクライナ、ハンガリー、スロヴェニア、ラトヴィアなどから、東欧全体に急速に拡散していて、国際的援助もその需要を満たすにはほど遠く、東欧の危機は有効なコントロールが難しくなっている。第二に、東欧と西欧の経済・金融関係は密接で、かつヨーロッパ自身、不動産や債券市場、そして金融機関のリスクがいまだ払底しておらず、もしヨーロッパの大型金融機関が倒産した場合、あるいは経済刺激政策が期待よりも功を奏さなかった場合、あるいはヨーロッパ一体化の過程に後退が見られた場合、あるいはEU加盟国が個々の利益のためにEUの制限を破ったり、脱退したりした場合、危機はヨーロッパで発生する可能性がある。第三に、ヨーロッパのGDPの、全世界に占める割合は二二・六〜三〇・九％、ヨーロッパ債券の全世界債券に対する割合は四七・六六％、ユーロの金融派生商品の全世界における割合は三八・三八％、ヨーロッパ株式市場の全世界に占める割合は二五・三％で、これらの指標は、全世界でアメリカが占める割合と同じくらい、あるいはアメリカよりも高いくらいである。このため、ヨーロッパでひとたび危機が発生すると、それはたちまち全世界の金融危機第二波を誘発する恐れがあり、ヨーロッパはアメリカにかわる新しい危機の震源となるであろう。第四に、東欧危機が欧州危機を引き起こしたならば、中国の経済・金融の外部環境がさらに悪化し、中国の金融機関と実体経済が打撃を受けることは必然のことであろう。

## 第二節　サブプライム危機の特徴とその原因

### (1) サブプライム危機がいままでの金融危機と異なる特徴

金融危機とは、すべて或いは大部分の金融指標が急激に、短期的に、周期の範囲をこえて悪化することで、主に貨幣危機、銀行業界危機、外債危機、システム性金融危機などがある。サブプライム危機は銀行業界の危機が誘発した、システム性の金融危機である。

　金融危機は資本主義の出現とともに現れ、それはやむことなく、常に世界の様々な国や地域を襲い続けた。統計によると、一六一八～一九九八年の間の、世界の様々な国や地域で起こった金融危機は計三八回あり、一部は一つの国または地域で発生したものだが、何カ国もの間や地域的に広い範囲で発生したものもある。我々の身近なところでも、日本で一九九〇年に金融危機が起こり、一九九四～一九九五年にはメキシコ金融危機、一九九七～一九九八年にはアジア金融危機が発生した。一九九八年以後にも、一九九八年のロシア金融危機、二〇〇〇年のアメリカのナスダックバブル、二〇〇七年から始まったアメリカのサブプライムにより誘発された今回の危機がある。つまり、一六一八年以後の三九〇年の間で、四二回の大小の金融危機が起き、これは一〇年に一度どこかで、あるいは全世界的に金融危機が発生している計算になる。さらに、最近一〇年あまりの金融危機の歴史をみると、経済のグローバル化が進み、危機もますます頻発するようになり、一九九〇年以降だけでも五度の比較的規模の大きな金融危機が発生している。

　研究によると、金融危機の変化過程は、大体四つの段階に分けることができる。それは、危機の潜伏期、危機発生期、危機拡散期、危機収束後の復興段階で、それぞれの段階では規律性のある特徴がある。潜伏期にはしばしば国内経済が好調で、全社会に一種の楽観的心理が蔓延しており、政府の拡張政策や監督のゆるみが、この楽観的な情緒を助長する。予定された変化も、しばしば危機を引き起こす原因となり、不動産・株式・外国為替市場が一般的に危機発生の導火線となる。経済のグローバル化発展に伴ない、各国とも経済や金融の面での関係がますます密となり、金融危機の拡散もますます普遍的な現象となりつつある。危機がいったん発生すると、国の内部だけの危機にとどまらず、その他の国や地域に拡散し、地域的あるいは全世界の金融危機へと変化する。

歴代の金融危機発生前後の経済指標をみると、今回のサブプライム危機発生前は住宅価格、株価の上昇が著しく、そのために危機発生後の下げ幅もさらに激しいものとなっている。サブプライム危機以前のアメリカの経常赤字率は、歴代の金融危機の発生以前の平均水準よりも高く、公共債務比率は、歴代の金融危機発生前の平均水準よりも低い。金融的角度から分析すると、それぞれの危機の変化過程では、投資家の行為と心理状態には危機前には非理性的な狂気がみられ、危機が襲った時には極度に恐怖に駆られ、危機発生後には破綻をきたしてしまうという傾向がみられる。今回のサブプライム危機は全世界経済へのマイナス影響はさらに深く広い方面にわたり、今までの危機よりもさらに複雑であるといえる。

### (2) サブプライム危機の発生原因

直接的にみると、アメリカの金融機関は過度に短期業績と利益を追っており、経済の好調期に貸付の敷居を低くし、リスク管理をゆるめ、リスクを累積させた。格付け機関は金融派生商品の評価の際に高格付けを付与し続け、そのリスクに言及することはなかった。アメリカ政府のマクロ監督者は、長期的に資産の過度な評価や金融派生商品の行きすぎた取引を傍観しており、いかなる制限も行わず、これらがみなサブプライム危機を生み出す直接原因となった。その原因をみると、我々が今後参考とするに価する三つの問題がある。

まず、アメリカ式の経済成長方式に問題があったこと。アメリカ経済は消費を主とした経済で、特に国家と国民の借金を元手とした、消費と負債による経営は基本的な経済特徴となっている。統計によると、二〇〇七年のアメリカのＧＤＰは一一兆五〇〇〇億ドルで、その一方で二〇〇七年のアメリカの債券市場の総残高は三一兆七二〇〇億ドルに達しており、その年のＧＤＰの約三倍となっている。その中でも、アメリカの国債残高は約九兆ドルで、そのＧＤＰに対する割合は六五・五％である。ここから、アメリカは主に債券発行によって、その過度な発展を支えてきたことがみて取れる。同じように統計からわかることとして、アメリカの国民は貸付、あるいはローンを通して過度な消費を支えてきたことがある。二〇〇七年末までのアメリカ全国の消費者向け貸付総額は二兆五二一三億七〇〇〇万ドルで、その中でもクレジットカードローン金額は一兆ドル近くに達する。こういう借金を元手とした消費と対貸借資本への過度な依存は財政と国際貿易収支の「双子の赤字」を生み出し、経済構造は悪化していった。統計によると、二〇〇七年度（二〇〇六年一〇月～二〇〇七年九月）のアメリカの財政赤字規模は一六一五・二七億ドルに達し、二〇〇八年度（二〇〇七年一〇月～二〇〇八年九月）のアメリカの財政赤字の規模は大幅に増え、四五四八億六〇〇〇万ドルに達するという。これと同様に深刻なのはアメリカの貿易赤字で、二〇〇七年のアメリカの貿易赤字は七〇〇二億五九〇〇万ドルに達している。深層からみると、アメリカの経済構造はバランスを欠いており、ローンによる成長モデルに、このたびのサブプライム危機を生み出した、根本的な原因があるといえよう。これは我々に、アメリカのような借り入れを元手とした成長方式では、経済成長は持続的発展が不可能であることを教えてくれる。

次に、市場は一切の問題をすべて自ら解決するものではない、ということである。市場には資源分配という重要な役割があるが、市場は万能ではない。かつ、金融リスクについてきちんと公開しないことにより、市場は万能でないどころか、リスクの遮蔽、隠匿が行われていることとなる。このたびのサブプライム危機は、金融派生商品誕生以来の初めての深刻な危機となったのである。金融派生商品には二つの局面があることはよく知られている。一面では金融市場転移とリスク分散を行う道具であり、もう一面では金融市場の取引を通して利を得る手段である。まさに市場とその取引が、金融派生商品のリスクを複雑にし、覆い隠すのである。貸付は、サブプライム貸付であろうとも、貸付という形式の時にはそのリスクは非常にわかりやすい。しかし金融派生商品という形式で取引市場に入ったのちは、取引が繰り返されるたびにその信用格付けがあがり、そのもともとのリスクは市場によって覆い隠されてしまい、投資家には見分けることが難しくなる。さらに問題なのは、金融監督者が金融派生商品リスクを放任し、市場の金融派生商品リスクを隠蔽するにまかせ、有効な管理措置を何も採らなかったことで、金融市場の間の必要な「延焼防止壁」が築かれなかった。これがこういう市場とその役割に対する「自由主義」政策で、さらに金融派生商品リスクの複雑性と、それに対するリスク管理が不適切であったため、それがサブプライム危機をすばやく拡大させ、様々な市場に拡散して金融危機が発生した重要な原因となったのである。

三番目として、グローバル金融構造のアンバランスさを、改めなければいけない時期にさしかかっているということである。現在の国際金融市場において、アメリカの債券と金融派生商品が占める市場占有率は高すぎ、各国の投資者が国際金融市場で買うことのできる商品は、ほとんどがアメリカの債券や金融派生商品である。国際決済銀行の統計によると、二〇〇七年末までの段階で、国際債券市場の債券総額は二一億五八〇〇万ドルで、その中でもアメリカドルによる債券の規模は七兆五四〇〇億ドルに達し、国際債券市場の三五％を占める。同じように二〇〇七年末までに国際派生商品市場総額は五六兆二四〇〇億ドルで、その中でもアメリカドルの商品が約四六兆九五〇〇億ドルに達し、それは全商品の八三・五％にあたる。アメリカの一極集中は明らかで、債券などの金融市場の構造のアンバランスさが、サブプライム危機を全世界に蔓延させ、世界的な金融危機を引き起こして、全世界の経済生産に大きな破壊力をふるい、全世界を経済危機リスクに直面させた根源的な原因となったのである。

## 第三節　サブプライム危機の大きな打撃と中国経済・金融

### (1) 中国経済にも明らかな下降現象がみられた

二〇〇八年の中国のＧＤＰは前年比九・〇％増で、前年同期の伸び率よりも四ポイント下がり、二〇〇二年以来の伸び率が最も低い年となり、その経済低落速度は予想を超えた。それは具体的に以下のところに現れている。

一、固定資産投資の成長が全体的に鈍かった。二〇〇八年の固定資産投資は前年比二五・五％で、その速度は前年の水準を上回った。物価的要因をのぞく実際投資の伸び率は前年を下回った。

二、消費全体は比較的速い成長を保っていたが、最近数ヶ月は下降傾向にある。二〇〇八年の社会消費財小売総額は前年比二一・六％増で、伸び率は前年よりも五ポイント高かったが、八月以降は消費伸び率も月を追うごとに減っており、一二月では八月の前年同期比よりも四・二％減って一九％となっている。

三、輸出は明らかに打撃を受けており、輸入も急速に減っている。二〇〇八年の中国の貿易輸出入総額は前年比一七・八％増で、伸び率を六％近く減らしている。なかでも輸出の増加は一七・二％で、二〇〇七年よりも八・五％減少となっている。輸出は一兆一三三〇億八六〇〇万ドルで、前年同期比一八・五％増、二〇〇七年にくらべ二・三ポイント減少している。その中でも、一二月の国内の輸出伸び率はマイナス二・八％で、輸入はマイナス二一・三％と、ともに二ヶ月連続で前年同期比割れしている。

四、海外直接投資（Foreign Direct Investment――ＦＤＩ）の下降傾向は明らかである。二〇〇八年の中国の実際のＦＤＩは高い成長レベルから一気に落ち、実質海外直接投資は二三・六％増に留まっている。一〇～一二月の連続三ヶ月の前年比マイナス成長ののち、今年の一月のＦＤＩは前年同期比三二・七％減で、二〇〇七年二月以来の低値となっている。

五、消費物価指数の上昇幅も減り、工業品価格も大幅に下落した。二〇〇八年の国内消費者物価指数（ＣＰＩ）は、前年よりも五・九％上昇した。前年比の伸び率は歴史的な高値八・七％から二・四％まで落ち、その回復速度も予測を超えるものであった。

六、不動産市場の低迷がその程度を増した。不動産開発投資は前年比二〇・九％増で、不動産価格も二〇〇八年に入って前年比が毎月減少しており、一二月の全国七〇の大中都市不動産販売価格の前年同期は年初に比べ一一・七％下がり、マイナス〇・四％となっていて、不動産価格は二〇〇五年七月以来初めての減少となる。一二月の新築住宅・中古住宅販売価格はそれぞれ〇・八％と〇・一％低くなっている。

七、工業増加額の伸び率は落ち、工業景気度は下がった。二〇〇八年の全工業増加額は前年より一二・九％増え、その伸び率は月を追うごとに明らかに鈍くなり、前年より五・六％下がっている。同時に工業企業の現在の生産状況を示すＰＭＩ指数（購買担当者指数）は、二〇〇八年三月から激減しており、一一月のその指数は統計発表を初めて以来の低い値となっている。

八、企業利益は急速に減少している。二〇〇八年の一一月間の全国規模での工業企業の利益は、前年同期比四・九％増にすぎなかった。前年同期と比べると三〇％以上という大幅減で、二〇〇二年以来の最低水準となっている。

九、財政収入と税収の伸び率も鈍くなっている。二〇〇八年の税収収入比率は、前年より一七％増であった。財政収入と税収収入は前年同期比それぞれ五二・六％と五七・七％増で、ゼロ以下まで下がっている。八月から四ヶ月は財政赤字も出現した。財政部が最近公開したデータによれば、一月の全国財政収入の前年同期比は、一七・一％減少している。財政は厳しい状態に置かれている。

一〇、失業率問題もますます深刻になっている。二〇〇八年末の都市の登録失業率は四・二％で、前年の年末に比べて〇・二％上がっている。大学新卒の就職状況は厳しく、沿海地域の出稼ぎ農民は、大量に失業して故郷に戻っている。

一一、株式市場の低迷が深刻になっている。二〇〇八年の株式市場は低迷を続け、一二月三一日の上海総合株価指数の終値は一八二〇・八一で、年初に比べ六五・四％下がった。上海証券取引所株式時価総額は一年で一七・二六兆元が消え、上海・深圳株式時価総額は一年で二一兆元近くが消え、六三・六％減となった。

### ⑵ 中国のマクロ経済政策の方向の大転換

一一月九日、中国マクロ経済政策に大幅な調整が加えられ、財政と貨幣政策が同時に緊縮から拡張方向に向かい、内需拡大が再び経済の主導方針となった。今回のマクロ政策調整の必要を、私たちに理解させてくれる点が少なくとも二つある。まず一つは、外部経済環境の更なる悪化である。前に分析したとおり、二〇〇八年のアメリカ経済は経済衰退という泥沼にはまりこんでいる。これと同時にユーロ圏や日本・イギリスなどでも、経済成長の停滞とマイナス成長が見られ、新興経済市場の成長も大幅な減少が見られた。全世界で経済衰退の警報が鳴り響いているともいえ、二〇〇九年の世界経済成長は明らかに鈍化し、すでにそれは決まった方向になりつつある。中国と世界の経済関係も一〇年前に比べるとはるかに密になっており、全世界の金融危機と世界経済の成長の鈍化は、中国の経済成長に非常に大きな影響をもたらしている。前にも分析した通り、中国の輸出はすでに深刻な影響を受けており、GDPと投資の増加にも鈍化が見られ、不動産市場と株式市場も大幅に下げていて、企業、特に輸出型企業は利益が大幅に減少している。さらに注意しなくてはならないのは、こういうマイナス影響は全世界の金融危機が持続して悪化し、さらにその深刻さをまして行くに従って、中国も必ず時を移さず政策転換を行う必要があり、全力でこのマイナス影響に立ち向かうことで、ようやく中国経済の安定した速い成長を保つことができることである。さらにもう一つとして、中国の経済発展における主な問題点に変化が起こったことである。二〇〇七年、中国の経済成長はさらに新しい段階の成長ピークを迎えた。同時に、経済構造の深層からの矛盾が浮かび上がり、経済の中で明らかな加熱現象と、重いインフレ圧力が重くのしかかってきた。消費者物価指数がわずか数ヶ月の間に八・七％上昇するという高水準となり、エネルギーや資源が再び経済発展の「ネック」となり、株式市場や不動産価格も相変わらず高水準で、経済バブルが急激に蓄積され、経済の安定した速い成長に脅威をもたらした。当時の国内経済発展の問題とは、主に経済過熱とインフレの圧力が大きすぎることにあり、マクロ政策は「経済過熱と激しいインフレを防止する」ために的確に必要とされる措置をとる必要があった。二〇〇八年第２四半期ののち、ＧＤＰの増加は一〇％以下ＧＰＩも五％まで落ち、マクロの「ダブル防戦」というコントロール目標は、基本的に実現された。マクロ政策は転換の関門にさしかかった。ちょうどこの時、アメリカのサブプライム危機が急激に悪化し、全世界的な金融危機にまで発展し、中国経済に深刻なマイナス影響をもたらした。多くの経済指標が顕著に下落し、この時国内経済の発展の主な目標は、全世界的な金融危機のマイナス影響に対抗し、危機という外部環境のなかで、中国経済の安定した速い成長を保つということに変化しており、そのためにマクロ政策は時を移さず政策方向を内需拡大により外部危機に対抗し、全力で経済の安定した速い成長を保つことに向け、これはあきらかに時を得た適切な措置であったのである。

### (3) 中国の銀行業界の経営困難の増大

サブプライム危機は、先進国における大型銀行と金融機関を大きな損益、あるいは破綻という泥沼に巻き込んだ。今年初めに大手銀行の年度報告が発表されたが、それは悲しい叫びにみちたものであり、さらに市場に大きな恐慌をもたらした。中国の銀行業界は、国際金融市場の特別な関連商品市場にまだ深く足を踏み入れておらず、サブプライム危機に関係する商品の所有が比較的少なかったため、直接の損失は比較的少なく、大事には至っていないが、中国の金融システムや経済成長に大きな直接的打撃がないはずもなかった。ただし、これと同時に、サブプライム危機がもたらす間接的な影響も無視できない。世界経済の成長鈍化は中国の輸出、ひいては投資の増加に影響し、中国経済のリスクを高めた。そして全世界の流動性と構造の変化が、中国資本市場の動揺を激化させた。国際金融環境の悪化は中国の金融開放を進めるのに影響を与えた。国際金融市場の動揺は、中国の金融システム改革の安定的な推進を制約した。そして、全世界の貨幣政策の緩和は、中国の貨幣動揺という潜在的圧力を強めた。外部の不確定要素の複雑化は、中国のマクロコントロールを難しいものとした。二〇〇八年の中国の商業銀行の利益は、欧米の銀行に比べるとはるかに良いとはいえ、利益の大幅な減少は見られる。現在、各上場銀行の二〇〇八年の年度報告はまだ発表されていないが、推測される利益増加は三〇%前後であろう。現時点では、各銀行の二〇〇九年の利益予測も公開されていないが、情報によるとほとんどの国内商業銀行の二〇〇九年の利益はゼロ成長である。ここから、二〇〇九年の経営困難は明らかに高まっていることがみて取れ、利益獲得に不利な影響をもたらすであろう。

さらに問題なのは、今後数年は外部経済環境の悪化により、中国経済の安定した速い成長は実現困難であることである。経済が下向きになり、貸付資産の質が下がるであろう。国内の商業銀行は重い経済動揺リスクにさらされ、資産の質の悪化をまねく可能性がある。

## 第四節　サブプライム危機の中国の商業銀行への教訓

### ⑴ サブプライム危機と金融イノベーション

サブプライム危機が発生したのち、危機の発生原因は金融イノベーションにあるという見方も出てきている。私は個人的には、金融イノベーションは「リスク回避」と「利益追求」という二重の属性を持っており、金融イノベーションは金融危機を必然的に生み出すものではないと考えている。なぜならば、一、金融イノベーションの発展過程からみると、各種金融イノベーションは主にリスク転移・リスク回避、流動性の提供をそのもともとの理念として持っており、金融資源の配置の合理化や金融市場の整備を促進するものであるからである。二、アメリカのサブプライム担保貸付と、その資産の証券化というイノベーションは、金融イノベーションにより利益を追求するという典型的な例だが、投資者によって過度な利益追求の手段とされ、それに伴う補償性リスクやシステミックリスク、流動性リスクが製品・市場・国境という枠を超えて、イノベーションの道をたどって連続的に爆発を起こしたものである。三、サブプライム危機の広がりや蔓延の過程は、金融イノベーションが「諸刃の剣」であることを示しており、イノベーションがそのリスク回避という初期のねらいを離れて、極端な利潤を獲得するためだけに使われるようになった時、イノベーションはそのリスクを転移できないばかりか、社会にリスクの発生や隠蔽、拡大の役割をもたらしたのである。四、金融深化の過程では、イノベーションを抑制すればリスクを防止できるなどという、簡単なものではないこと。また、過度の利益追求のためにイノベーションを行うことはできない。金融イノベーションの透明度を高め、新しい監督体制を整え、金融イノベーションによる利益獲得の行きすぎた動きを抑え、金融システムの安全と安定を保つことが必要である。五、新興市場国家として、中国はリスク回避を目的とした金融イノベーションの、新しい動きを進めるべきである。同時にイノベーションの「度合い」を把握して監督を行い、金融イノベーションのリスク管理分野の応用を強化し、イノベーションを利用して巨額な利益をむさぼる行為を防止する。リスク管理政策・手順・リスク限度額を設定して、各種の金融イノベーションがもたらすリスクを識別・計測・監視し、リスク評価とリスク監督、リスク救援などを行う管理システムを整えるべきである。

### (2) サブプライム危機と金融監督

サブプライム危機以降、各界では監督理念と監督の盲点などに深い反省と批判が行われ、新しい認識が形成された。それらは、監督理念方面では、監督者は必ず金融管理と市場自己調節メカニズムとの関係・原則による、監督と規則による監督の関係上の認識を新たに調整し直さなければならないこと、そして監督・管理の実践の面では、金融イノベーションによる新商品と、各種の関係金融機関の監督・管理をさらに強めなければならないことなどが含まれる。アメリカの監督当局はすでに「アメリカ金融規制改革案」を提出しており、アメリカの金融監督体制の再建に力を入れようとしている。イギリスでは、全世界金融規制の改革案が出され、G20に提出し議論するための準備がなされているという。世界的金融危機の今後の国際金融監督に対する影響は大きく、政府の関与は適度に拡大され、国際金融監督の協力もさらに広範なものとなり、国際的な金融監督メカニズムが建立され、今後の金融監督手段を、さらに活気のある多様化したものとするであろう。

⑶　サブプライム危機と国際通貨システム

第二次世界大戦の終結後、ブレトンウッズ体制でドルが世界の基軸通貨の地位につき、貯蓄価値、貿易価格・決算などの多方面で主導的な地位を打ち立てた。一九七一年、ドルと金はその関係を切り離され、ドルは貨幣システムの中で覇権的な地位を築き、貴金属価値の制約がとかれ、その価値が増強された。しかし、サブプライム危機の発生により、ドルを中心とする国際貨幣システムにずっと問題が存在していたことが明らかになり、短期と中長期の二つの局面から、現行の貨幣システムに対して打撃と影響を与えた。中長期的にみると、このサブプライム危機はドルの国際貨幣システムで唯一の中心という貨幣基礎が弱められたが、短期的にみればドルの中心的地位は、危機の激化につれて逆に強まった。今後の国際貨幣システムの長期的な発展方向は、金本位制の復活やドルによる単独中心システムでなく、拘束力を持ち、外部と協調性のある多次元の国際貨幣システムがその中心となり、システムの変化は少しずつ長い道のりを歩むこととなるであろう。

⑷　サブプライム危機と金融発展

国際金融構造のアンバランスは、サブプライム危機が国際金融危機を呼び起こした重要な原因となった。サブプライム危機の発生後は、国際金融構造のアンバランスが改善されるであろう。国際金融構造上のアメリカの地位は弱められ、国際金融構造は多極化の方向に向かって発展して行くであろう。全世界の金融機関では大きな調整や改編が行われ、市場シェアも新たに配分し直されるであろう。アメリカの金融機関、特に投資銀行は、サブプライム危機の渦の中心となったため、その影響力は下がって行くであろう。ヨーロッパの一部のトップ金融機関は、危機に巻き込まれていないためにその力をつけ、同時にヨーロッパと日本の銀行業界は買収・合併によってアメリカ市場へ進出して行くであろう。それと同時にアメリカの投資銀行がもともと持つ海外市場も、本国の銀行業界やヨーロッパ・日本の銀行業界の中で奪い合いの的となるであろう。独立型の投資銀行の過度のレバレッジや、自己取引に依存した古い経営モデルは、その惰弱性を暴露したため、商業銀行と投資銀行は相互に融合する傾向となり、総合化はやはり今後の金融機関の組織モデルや経営方式の主流となるであろう。

### (5) サブプライム危機と全世界の経済成長モデル

アメリカの経済成長は過度に消費に依存しており、約七〇%のアメリカのGDPは消費によるものである。消費が多いということは、貯蓄が不足しているということであり、国内の貯蓄不足は国内の投資需要を満足させない時があることを示しており、その時は外国資本の流入で貯蓄・投資の不足分を補う。これがいわゆる支出超過式成長モデルである。アメリカの支出超過式成長モデルは、全世界経済の成長に動力を提供したが、全世界にアンバランスという問題をもたらし、全世界経済が持続的・健康的に発展して行くための隠れた災いの種となった。

世界のアンバランスさが、サブプライム危機を引き起こした原因の一つである。サブプライム危機の導火線は、アメリカの不動産バブルの破壊で、全世界のアンバランスさは、アメリカの不動産バブルを生んだ重要な経済的原因である。アメリカは持続的に経常項目が輸入超過で、それは必ず外国資本の流入で、アメリカの貯蓄や投資の不足を補わなければならないということを意味し、これは二つの面でアメリカ不動産市場にみせかけの繁栄をもたらした。一つは長期金利の低下で、二つ目はアメリカが獲得した大部分の融資は、不動産部門に行われ、不動産投資を増加させていたこと。この二つはともにアメリカの不動産バブルを拡大させ、サブプライム危機の発生に伏線を張ったのである。アメリカの支出超過式成長モデルは、全世界のバランスを失わせたが、全世界のアンバランスさもサブプライム危機の根源の一つとなった。アメリカ人は消費という宴のなかでこっそりと、今後の危機や衰退の苦い酒を作り出していたのである。

サブプライム危機ののち、全世界の経済が下り坂に向かうという背景のもとで、全世界のアンバランスさはとりあえずの調整を終え、アメリカの経常項目の輸入超過は明らかに縮小され、全世界のアンバランスの二つの極――アメリカと中国の経済成長モデルのどちらにも変化がみえ始めた。アメリカ人は貯蓄を始め、アメリカ人の個人貯蓄率が上昇した原因には二つあり、一つはマイナス財産効果で、二つ目は消費貸付が萎縮したことである。消費の減少と貯蓄の上昇はゆっくりと、不動のものであった支出超過成長モデルを変化させつつある。そして中国の状況をみると、先進国の経済の不振は、中国の外需を大幅に減らし、純輸出の経済成長に対する貢献度は低くなり続けている。このような背景のもとで、中国は現在、積極的に経済成長方式を調整し、内需を拡大して消費を牽引すると同時に、経済成長方式のアップグレードや転換への道を探っているところである。

# 第7章　中国の金融コングロマリットとシャドーバンキング

坂本正

## 第一節　中国の金融コングロマリットとシャドーバンキング
### ――一九〇七年のシャドーバンキング問題と一九三三年の国家市場経済――

### 問題の所在

社会主義的市場経済としての中国と先進資本主義国の市場経済とは明らかに異質な市場経済であるが、共通項はリーマンショック以降の市場経済危機のもとで国家市場経済をすすめていることである。学術交流のテーマは異質性よりも市場経済の共通性に焦点を当ててきた。その際留意したのはアメリカ型の市場経済の特徴と日本型市場経済の特質を比較検討し、そのなかでの資本主義的市場経済の共通性を前提に中国の市場経済の在り方を展望し問題を提起するという手法を用いたことである。他方、中国工商銀行の側は国家的視点で社会主義的市場経済の在り方を制度設計する際に我々の問題提起を参考にするというのが課題解決に最も接近しやすい方法であったからである。その中で、中国側が強く関心を示したテーマが金融コングロマリットであった。そこでこの中国型の金融コングロマリットが意図する背景と意義を検討することにしたい。

## 第二節　中国の金融コングロマリットと国家市場経済

現代金融恐慌下で中国は二つの新たな金融問題に直面している。その一つは国有商業銀行の改革過程で生まれた国家規模の金融コングロマリットの形成である。これはあまり注目されることがないが、国家と政府による銀行の不良債権処理のために生み出された金融持株会社による銀行支配体制である。もう一つがリーマンショック以降中国で顕著になったシャドーバンキング問題である。これは世界的に関心を集めているが、経済の過熱化を抑制するための政府の規制と金融政策を回避するために生まれた新たな投資行動で、大きな市場攪乱要因となってきているものである。一方における金融の国家支配と他方における既成の銀行システム外からの新たな金融取引の胎動と過熱化という、いわば対極の金融問題が生まれたのはなぜか。一方は、社会主義的市場経済の、まさに社会主義的というべき金融の国家支配であり、他方は市場経済らしい投資動向で市場攪乱要因でありながら、金融の自由化を底流に持つ金融の市場経済化といってよいであろう。では、なぜこのような対極的な金融問題が社会主義的市場経済下で急速な市場経済を推進する中国で起きてきたのか。それは金融制度改革といかなる関係にあるのか。そして、それは現代の金融恐慌下での資本主義諸国の金融制度改革問題といかなる関係にあるのか。

これは、中国の社会主義的市場経済の進展と金融改革が国有商業銀行の近代化の過程で到達した新たな段階にあることを示すものである。とはいえ、市場経済化の対極に位置する国家による金融持株会社を通じた銀行支配は、それ自体市場経済の動きと全く矛盾する金融への国家統制のようにすら見えるものである。それではこの時代逆行的に見える金融への国家支配は、社会主義体制への先祖がえりなのであろうか。しかし先に述べたように、これが社会主義経済下の統制と大きく異なるのは、国家と政府による直接的な統制ではなく、政府所有下の中国投資有限会社の子会社である中央匯金投資会社が金融持株会社となって四大商業銀行をはじめ大規模な銀行支配を行っているという点にある。しかも現代の金融恐慌下で、資本主義市場経済が機能不全に陥った市場再生のために国家＝政府が公的資金を直接市場に投入する国家市場体制下では、中国のこの金融コングロマリットも中国型の国家市場形態であり、金融危機に対応した国民経済規模での市場維持形態というべきであろう。さらに注意すべきことは、主要な資本主義諸国が直接的な市場介入として政府による銀行への資本注入を行ったのに対して、中国は財務部による不良債権の相殺処理だけでなく、中央匯金投資会社が政府系金融機関として銀行への資本増強と不良債権処理を行ったということである。中央匯金投資会社はこのプロセスで金融持株会社として主要国有商業銀行を傘下に収める金融支配体制の枢軸機関となったのである。金融恐慌下で市場再生のために国家＝政府が公的資金を投入する国家市場経済の原型は、一九三三年のニューディール下でのRFCによる銀行支配であったが、現代でこれに近いモデルは中国の金融コングロマリット型銀行支配であろう。中国の国有商業銀行の近代化は、不良債権の処理を中心課題に据え、株式会社への転換と上場を目指すことであった。これは中国金融制度の危機からの再生策であり、その原型がアメリカのニューディール下でRFC型銀行支配にあったことに留意すべきであろう。

ところで資本主義市場経済下での国家市場経済と中国の国家市場経済は、銀行の不良債権処理と国家＝政府による銀行救済という共通項があるにしてもその成立の背景は異なっている。

現代金融恐慌は市場再生のために国家＝政府による公的資金の投入を必要とし、銀行への公的資金の注入を通じた国家＝政府への市場介入と管理強化が図られた。この新たな国家市場経済への移行は、国民経済を維持するための緊急避難的な国家手段であるが、その効果がひとたび認識されるとそれを引き起こした原因の究明と対策よりも、関心はこの国家維持装置のもとでの当面の市場経済活性化に向けられる。そして金融恐慌でのこの経験がそれを非常時に対応する国民経済規模での市場経済維持装置として経済システムにビルトインされることになろう。この国家市場経済が一時的な装置としての経済システムで終わるのか、それとも市場経済システムの中に非常時対応の国家機能としてビルトインされるかどうかは、金融恐慌の深刻さと国家＝政府の市場介入度によって決まるであろう。主要な資本主義諸国における国家市場経済は金融恐慌下に世界規模で展開されたもので、現在もその痕跡を色濃く残している。一定の銀行再生と市場機能の回復が見られたとしても、まだ国家市場形態下にあるというべきであろう。国家市場経済は金融恐慌への市場維持装置なので、公的資金が返済されたとしても市場機能の自立性が回復しない限り国家の市場維持機能という新たな国家機能の市場化が持続することになろう。これを果たして市場経済と呼ぶべきかどうかの問題がある。しかし、問題はそれに加えて国家市場経済下で、公的資金の投入を引き金として財政危機という債務問題が顕在化していることである。これは、公的資金が直接に財政危機を惹き起こすほど巨額であったかどうかだけの問題ではない。ここで問題なのは、金融が財政危機の改善に寄与するのではなく、逆に公的資金がそれまで潜在化していた財政危機を顕在化させる引き金となり、財政危機への思わぬ付加要因になったという質的な危機構造が生まれた事なのである。現代の市場機能は、銀行の不良債権基準を共通化しその公開を通じて、潜在化した不良債権を顕在化してきた。今はそれに加えて市場機能がＥＵでのように潜在化した財政危機を市場レベルで国債利回り水準を危機指標として顕在化させている。銀行が国債を大量に長期保有し続けている日本では、その市場レベルでの危機指標は顕在化しないが、この事態は逆に銀行経営の自由度を拘束し、銀行を国債保有機関へと変質させることになろう。これは銀行の市場機能の衰退であり、市場機能の自立化への阻害要因である。金融危機と財政危機はこのように連動し併存しているというべきであろう。

主要な資本主義市場経済の国家市場経済への移行は、市場機能の活性化を目指しながら、その過程で市場再生への道ではなく金融危機と財政危機という危機の二重化構造を生み出してきた。この危機の二重化のもとで市場経済の回復に向けた国家＝政府の役割が、今また問われているのである。

では中国の場合はどうか。中国の国家市場経済は、政府による大規模な銀行の不良債権処理と金融持株会社方式による金融コングロマリットの活用を組み合わせたハイブリッド型の金融管理体制の構築として出現してきた。共同研究においても、中国工商銀行の側で一九九九年のグラム＝リーチ＝ブライリー法以降の金融コングロマリットへの関心が高いことは報告されていた。しかし、我々は中国においては、それは例えば具体的に中国工商銀行がいかに金融コングロマリットを形成するのかという課題だと思い込んでいて、それは確かに個別の銀行レベルで推奨され銀行業務の多様化とグループ化として推進されてきた。しかし、他方でその実現が中国工商銀行をも傘下に収める国家規模の金融コングロマリットだとは考えもしなかった。それは、金融持株会社による銀行の不良債権処理がそれだけ社会主義的市場経済の発展の帰趨を握るほどの緊急な国家的課題であったという事を物語るものであった。社会主義的市場経済は銀行の不良債権処理を通じて、それまでの社会主義的な国家による直接的な金融支配を市場経済的な株式保有による支配へと展開させることになった。こうして中央匯金投資会社による銀行の株式所有は、アメリカが発展させてきた持株会社制度の到達点といってよい金融持株会社の中国型システムであり、しかもその国家版となったのである。

この点に改めて留意しながら銀行の不良債権処理の脈絡上に中国型国家市場形態が出現したこと強調

しておきたい。銀行の不良債権処理に国家＝政府が主導的に参入し、公的資金を制度として投入することで市場経済システムの維持と活性化を図るのが国家市場経済の特徴だからである。

## 第三節　中国のシャドーバンキングとアメリカのシャドーバンキング

中国の社会主義的市場経済を資本主義市場経済と共通の市場経済の枠組みでとらえる観点が強調されてきた金融現象がある。市場経済危機で顕在化してきたシャドーバンキング問題である。アメリカに端を発するシャドーバンキング問題は、リーマンショックを引き起こす金融資本主義的な金融の証券化を背景に商業銀行システムを基軸にしながら商業銀行システムの枠外での急激に展開された金融革新である。しかし中国にもシャドーバンキング問題があるという指摘は中国市場経済危機の比喩的表現として強い印象を与えたが、それは中国の市場経済問題という新たな共通認識を与えるものでもあった。当然中国でのシャドーバンキング問題は、アメリカで展開されたシャドーバンキングとはかなり異なる内容で進展してきた。ここではその相違点を中心に特徴を析出することにしたい。

アメリカの金融革新は二一世紀に証券化と国際化を推進してきたが、これは金融資本主義と呼ばれる急速な金融市場の発展を意味するものであった。この内実をなすものがシャドーバンキングといわれる金融取引であった。そしてそれを支えた金融機関がシャドーバンキング・システムを構成してきた。金融恐慌はこの金融資本主義の破綻として勃発し、シャドーバンキング・システムの中核をなす主要投資銀行が破綻した。つまりシャドーバンキング・システムの破綻が国家市場経済を生み出すことになった。

これに対して、中国の場合はリーマンショック以後にシャドーバンキング問題が顕在化することになった。政府の市場管理が強い中国でなぜシャドーバンキングといわれる金融現象が現れたのか。しかもここでシャドーバンキングの中心は銀行が開発した理財商品で、アメリカのように金融の証券化が牽引するものではない。しかし、共通していることは、これが金融革新と密接に関わって展開されてきたことである。そしてこの観点から注目すべきことは、アメリカにおいてこのようなシャドーバンキングに推進された金融革新と金融破綻はすでに一九〇七年の金融恐慌にその原型をみることができるということである。つまり、現代の金融恐慌は一〇〇年に一度といわれたが、まさにその一〇〇年前にシャドーバンキング問題が金融の近代化への最初の関門となっていたのである。そこで一九〇七年恐慌の歴史的意義を検討すること通じて、中国の本格的な市場経済への予兆としての金融革新とシャドーバンキングの関係を位置付けることにしたい。

## 第四節　中国の銀行の近代化と金融コングロマリット

### (1) 銀行改革と銀行の不良債権問題

中国にみられる銀行の不良債権処理と金融コングロマリット形成の関係は、市場と銀行の近代化に向けた中国の社会主義的市場経済の展開の方向を特徴づける大きな到達点である。銀行の不良債権問題は、社会主義的市場経済を牽引する銀行システムの近代化には不可欠な重要課題で、それは社会主義的市場経済に移行する過程で既に計画経済の負の遺産として重くのしかかっていた問題であった。国有企業改革と金融改革はこの不良債権問題を軸に展開されたもので、市場改革としての株式会社と株式市場の導入は、国有企業改革、金融改革、不良債権問題を解決する画期的な市場制度の構築を意図するものであった。株式会社制度、株式市場の形成は企業と銀行の近代化に不可欠な装置としての制度であり、市場であった。その点で株式市場は、同じ資本市場であっても政府によって制度・設計され、管理された市場としての債券市場とは大きく異なっている。市場改革の主軸は株式市場であり、市場経済を牽引する市場とは株式市場のことであった。そして、銀行の近代化の最大の障壁が不良債権の処理であり、これこそが第一の関門であった。第二の関門が銀行の株式会社への転換であり、株式の上場であった。

これに向けて、一九九〇年に入ると、それまで進めていた銀行システムの整備を終えたことから市場経済に対応した銀行の近代化が主要テーマになり、一九九一年には市場改革の本格始動として上海と深圳に証券取引所が開設された。そしてその後の一〇年の銀行改革の試みを経て、二〇〇〇年以降に、本格的な銀行の不良債権処理と銀行の近代化が急速に推し進められることになった。そして、その過程で成果を挙げた銀行の近代化の所産が、国家主導の巨大な金融コングロマリットであった。

では、なぜ市場経済に対応した銀行の近代化によって、このような国家主導の金融支配体制が生み出されることになったのか。これは、市場経済での市場原理の貫徹と競争の結果生み出された金融機関の合併や銀行の持株会社形態への展開によって生み出された支配形態ではない。恐らく、これらは社会主義的市場経済への移行期にはもちろんのこと、銀行の近代化と不良債権処理を制度・設計した段階でも想定されていた事態ではないであろう。

銀行の不良債権問題は、計画経済の制度上の巨額な負の遺産であると同時に経済の近代化で銀行の貸出しが不良債権化して生み出されてくる二つの不良債権の複合化問題で、市場経済への移行で市場処理できる範囲を大きく超えるものであった。しかも中国の国家財政は銀行改革の初期には不良債権を処理できる状況にはなかったので、不良債権処理方法の検討が様々になされたものの、政府として具体的に実現可能な政策を打ち出すことはできなかった。一九九〇年末に政府による四大国有銀行に資本注入を行うが、まだ決定的な解決策とはならなかった。しかしその困難な不良債権処理の制度・設計を可能にしたのは、中国経済の驚異的な成長であった。それは中国経済の成長で銀行が莫大な利益を上げ、それを基盤とした国家財政によって不良債権を処理できたというものではない。この処理プランを可能にしたのは、中国経済の急成長が生み出した膨大な外貨準備であった。中国経済の急成長こそが、莫大な外貨準備を生み、政府系ファンドが注目を浴びる中、国内的にはこの外貨準備に支えられて銀行の近代化が可能になったのである。

計画経済の負の遺産というべき銀行の不良債権は、経済システムの枠外で発生したものであり、これは経済システムの市場化によって吸収され、整理される範囲を大きく超えるものであった。ところが、経済システムの市場化が国家レベルでの外貨準備を集積させ、その環境の下、国家＝政府の権限と責任で不良債権を処理し得る原資が生み出されることになった。こうして国家＝政府が銀行の不良債権処理に介入できる装置が経済システムの市場化によって初めて可能になったのである。ここに社会主義的市場経済が銀行の近代化を可能にする市場経済としての意義があると同時に、資本主義市場経済下での国家市場経済とは異なる中国型の国家市場経済成立の経済的根拠があるといってよいであろう。銀行の不良債権処理の問題は、それが市場の内部で生成されたものであれ、市場外部から持ち込まれたものであれ、市場内部での処理能力を大きく超えた場合、その処理は国家＝政府が介入して初めて可能になるほど深刻なものなのである。

現代の資本主義市場経済は、アメリカでみられるように証券化を軸にした市場の拡大と膨張を金融行政や金融政策で歯止めをかけることができず、事前の規制よりも事後の調整に委ねる市場機能重視の金融政策をとってきた。しかし、この市場の円滑な発展を志向する金融政策によって結果的には市場の膨張を促進することになり、金融当局にとって予期せぬ市場破綻を招くことになった。その破綻による市場機能の麻痺を国民経済レベルで再生させるために、国家＝政府が公的資金を投入するという市場介入によって国家市場経済に移行することになった。この公的資金こそが破綻した市場再生のための想定を大幅に超えた事後的な調整コストであった。市場の事後的な調整機能では市場の自律的な再生は不可能で、市場の外部から国家＝政府による公的資金投入という莫大な調整資金が必要となったのである。

## ⑵　市場の近代化とシャドーバンキング問題

これに対して、中国では市場経済以前の体制的な負のコストとしての銀行の不良債権と経済発展に伴う不良債権の複合的な不良債権の集積が、近代的な銀行発展への阻害要因であるだけでなく、構造的な金融危機を内包するものになりつつあった。この潜在的な金融危機を回避し、銀行の近代化と国民経済規模での市場機能を維持するために、国家＝政府に求められていたのが、迅速で徹底した銀行の不良債権処理であった。この国家レベルでの緊急課題に対しては国家＝政府による市場介入が不可欠であった。

だが、そのためには国家＝政府が銀行制度の基幹をなす四大国有商業銀行の不良債権を処理できる原資が必要であった。この難問は幸いなことに経済の急成長が生み出した外貨準備がその原資になることで解決の見通しがつくことになったのである。

こうして中国では国家が市場の近代化と銀行の近代化に向けて、この複合化された銀行の不良債権の処理を通じた銀行の近代化計画の実施に踏み切ることができた。中国にとって銀行の不良債権問題の解決こそが、計画経済の負の遺産を清算し、市場経済システムが機能する基盤の整備であり、計画経済からの決別を意味するものなのであった。この国家プロジェクトの過程で形成された金融コングロマリット体制が国家市場経済であった。恐らくこの体制は一時的なものではなく、いまや社会主義的市場経済の進展に不可欠な市場体制になったというべきであろう。この国家市場経済下で中国政府が望む市場経済は、政府の管理と規制が効く範囲での緩やかな市場機能の自立化であり、政府と市場管理当局の規制と管理もこうした経済システムの市場化に対応して弾力化しつつある。市場経済体制に向けた市場管理の近代化である。しかし、それは政府が想定する市場機能の緩やかな進展を促進させるためのものであり、その市場発展モデルの構築に向けて政府が重視する当面の課題は、景気の過熱やバブルの抑制に置かれている

ところが、国家＝政府が構想する市場発展プログラムに反して、シャドーバンキングが、この国家市場経済下での政府の管理と規制を回避する銀行と金融機関の資金運用領域の拡大として惹き起こされてきた。市場経済の自立化が国家＝政府の思惑を超えて展開され、それによって逆に市場危機が内包されることになった。国家市場経済は、一方で金融機関への金融支配とそれを通じた国家管理下での市場メ

カニズムの構築を目指しながら、他方で金利の自由化を求めるシャドーバンキングという市場の自立化に直面することになった。これは、国家市場経済下で生み出された新たな国家と市場の関係を問う課題である。

## 第五節　一九〇七年金融恐慌とシャドーバンキング——金融革新と信託会社

現代の金融恐慌は、シャドーバンキングという銀行制度の外枠で金融規制の効きにくい領域で発展してきた金融の証券化を中心軸に展開された金融資本主義の破綻として勃発した。これは証券化市場の破綻であったから、この恐慌の解明のために、急膨張した証券化市場の商品構成とこの市場の発展を支えた様々な仲介機関の役割とその分析が急務となった。その中で銀行のリスクの分散システムとして市場化された証券化市場の制度化はシャドーバンキング・システムとして金融資本主義の発展を推進してきたもので、シャドーバンキング問題は金融制度の中にこれをどう位置づけるかが分析課題となっている。

現代の金融恐慌は、このシャドーバンキングという銀行を仲介しない金融取引の拡大にと破綻に大きく起因するといってよいが、このシャドーバンキングが住宅ブームと株式価格騰貴とに連動して展開された点に現代的な金融危機要因があった。この連動が可能になったのはサブプライム市場で証券化が進展したこと。サブプライム市場での住宅価格が株式市場と連動したこと。こうしてサブプライム市場は証券化を通じて住宅ブームと連動して発展を遂げたが、逆に支払い不能のリスクを抱えたサブプライム市場での過剰な信用供与が支払い不能リスクを先延ばしにさせ、さらにこの支払い不能リスクが証券化によって商品化され、証券化商品へと加工された点にサブプライム金融危機の基本要因があった。これが現代の金融危機に見られたシャドーバンキングである。

しかし、金融革新と金融危機問題を歴史的に考察するともう一つのシャドーバンキング問題がある。それが一九〇七年金融恐慌とシャドーバンキング問題で、シャドーバンキングとして金融革新を牽引してきたのが新興の金融機関としての信託会社の急成長であった。

アメリカで独自の発展遂げた信託会社は、保険業務を営む他、銀行業務や証券業務の一部を付随業務とする総合型の金融業を行うところにその特徴があった。特に一九世紀末の一八九〇年代の半ば以降、信託会社はアメリカの銀行業が産業発展に対応した資金需要に十分に対応できない領域で付随業務としての銀行業に積極的に進出し、急成長を遂げることになった。とはいえ、信託会社は銀行業の認可を受けていないので本来の銀行業務を営むことはできない。そこで信託会社が行ったのは、あくまでも商業銀行の類似業務であった。こうして信託会社による銀行業への進出は、金融当局の規制外の銀行類似業務の展開という形で進められた。これこそ当時の銀行制度の欠陥を補完するために自生的に出現したシャドーバンキング・システムの展開であり、アメリカの金融制度に最初に現れた金融革新なのであった。

では、信託会社がそれほどまでに急成長を遂げることができた銀行類似業務とはどのようなものであったのであろうか。

まず、手形割引であるが、当時銀行はＣＰの割引をしていた。これに対して信託会社はＣＰの買い取りを行った。ＣＰの買い取りは業務的にはＣＰの割引と同義で、業界用語ではＣＰの買い取りとはＣＰの割引のことである。当然、銀行の側からは訴えがあり、裁判となったが、割引と買い取りは区別された。

つまり、信託会社はＣＰを割り引いてはならないが、ＣＰを買い取ることはできるとされたのである。

預金は信託預金の形で集められた。貸付は、有価証券を買い取るという形で進められた。これは有価証券貸付といってよいであろう。これらはすべて、信託会社の付随業務としての貨幣取扱業務の展開であった。信託会社の貨幣取扱業務が銀行業務へ進化したといってもよいであろう。しかもこの信託会社の商業銀行化は、既存の銀行業務への単なる模倣ではなかった。この当時銀行は有価証券担保貸付には慎重で、有価証券担保貸付は一般的ではなかったからである。銀行業務は有価証券の取り扱いについては、まだ規範的にみて古典的な真正手形理論の範囲に限定されていたというべきであろう。

とはいえ、銀行はすでに産業からの要請で短期貸付を更新・繰り延べする形で実質的な中期貸付を行う慣行を行っていたから、真正手形理論に束縛されていたわけではなかった。しかし、銀行は有価証券担保貸付にまでは踏み出していなかった。それだけに、信託会社の有価証券担保貸付は信託会社が開発した金融革新的貸付なのであった。

しかも、信託会社はこのような金融革新的な銀行類似業務を遂行するにあたって、銀行同様に準備金を置くことになったが、信託会社は銀行ではない金融機関なので金融当局から銀行と同率の準備率を求められなかった。特にこの低率準備は信託会社がより多くの資金を貸付に回せる有利な条件となった。これらは銀行業の分野で信託会社に商業銀行への競争上の優位性を与えるものであると同時に、金融当局の準備率規制が効かないリスクの高い領域が形成されるという攪乱要因を生み出すことになった。こうして信託会社は正規の商業銀行間の二重銀行制度による国法銀行と州法銀行との競争に割り込み、銀行業への事実上の新規参入機関として急成長したのである。この信託会社と銀行との競争は激烈で、銀行から信託会社への転換が図られるなど銀行制度そのものを大きく動揺させることになった。そして、この激烈な競争が銀行業の展開領域を飛躍的に拡大させることになったのである。

こうした銀行と非銀行である金融機関との競争は、アメリカの現代の金融革新でS&L（貯蓄貸付組合）が銀行業への同質化を目指して引き起こした銀行との競争を想起させるが、まさにその金融革新の原型こそが、信託会社による金融革新の推進であり、その内実は信託会社の商業銀行化であったのである。そして、この商業銀行化は銀行業務に類似した金融業務と将来の銀行業務を先取りした金融革新的な貸付業務であった。信託会社のこれらの業務内容は限りなく銀行業務に近いとはいえ、銀行として認可されていない金融機関による、まさに銀行が仲介しない金融取引であり、文字通りシャドーバンキングなのである。

信託会社は銀行類似業務を行う金融機関であるが、銀行ではないので手形や小切手を決済することはできない。銀行は自主的な組織としてクリアリングハウスを結成し、手形、小切手を決済していた。この決済ができないことが、信託会社の大きな問題点であった。しかし、この難点を信託会社は銀行との提携で克服しようとした。信託会社は低準備率で資金を運用するので銀行に比べて余剰資金が多い。その余剰資金をニューヨークの大銀行に預金して確実に運用しようとした。その結果ニューヨークの大銀行にとって信託会社は大事な顧客になった。信託会社はこの関係を活用して信託会社に持ち込まれた手形、小切手についてはニューヨークの大銀行にクリアリングハウスでの代理決済を依頼することで決済することができるようになった。こうして信託会社は銀行類似業務を行うと同時に、顧客にとってみれば小切手、手形の決済も行う金融機関となった。信託会社はニューヨークの大銀行に依存することで、銀行と同様に手形、小切手の決済業務をも遂行することができるようになったのである。つまり、信託会社の金融革新は、信託会社の商業銀行化の促進の中で銀行以外の金融機関による金融取引を新たな形で展開することになった。このシャドーバンキングはもう一つの銀行制度の展開といってよいが、正規の銀行制度との決定的な相違は信託会社が金融当局から銀行と同様の規制・監督を受けることがないということであった。この不平等の競争が銀行の側からの強い不満となり、信託会社に銀行と同様の準備率を求める要請となり、巨大な信託会社の破綻を契機とする一九〇七年金融恐慌以後は信託会社の金融制度の取り組み化が政策課題となった。シャドーバンキングの銀行制度化である。

中国のシャドーバンキングはアメリカの信託会社型シャドーバンキング段階のものであるが、これは同時に中国型金融コングロマリット下で理財商品を軸に金利自由化に向けた銀行制度外の金融革新で市場の近代化に向けて、市場撹乱と制度の動揺をもたらしたものの、新たな枠組みとはなっていない。この市場の近代化が今後銀行制度の枠組みを拡大できるかどうかが、中国版シャドーバンキングの評価基準となるであろう

## むすびにかえて

中国工商銀行との学術交流の最終段階はサブプライム金融を巡る研究と意見交換となった。バブル期への金融政策課題の共通認識は私が提起した資産価格騰貴へのピンポイントでの抑制策であったが、金融危機はアメリカの消費者保護の社会政策課題を証券化と市場化で解決する金融的社会政策の市場破綻

として現われた。この複合的な構造はアメリカ特有でこの複合化は研究の空白領域のものだが、理論的には消費限界を超えた信用供与システムと事前に予想される支払不能のリスクが直結した証券化の危機構造の創出である。しかし、この消費者信用の拡大と証券化によるバブルとの関連は中国の近代化で見据えておくべき課題である。不良債権問題の解決策として生み出された金融持株会社形式をとった中国型国家市場経済はその発展過程で資本主義的国家市場経済システムとどう向きあっていくのか。サブプライム金融危機から一〇年。この時の問題提起と市場危機構造は今なお現在の市場問題の根幹にある。学術交流は私達の分析視角を国家政策レベルにまで拡大させる意義があったが、日本側の制度的視角からの研究と問題提起も中国側に新たな視角を提示してきた。この学術交流が相互に研究領域を拡大してきたことを認識することを通じて、今後それらを踏まえて研究と政策の分野で新たな成果がうまれることを期待したい。

# 第8章　国家市場経済下での銀行危機と金融支配問題
## ――リーマンショックから一〇年、新たな金融危機の予兆

坂本　正

## 第一節　市場危機累積と金融危機への予兆

二一世紀型国家市場経済は、リーマンショックを契機に社会主義的市場経済の中国をも巻き込んでアメリカ、ヨーロッパの資本主義市場経済圏で広範囲に展開された。この経済システムは金融恐慌下で銀行制度を救済するために国家＝政府が公的資金を投入する市場再生システムとして構築されることになった。これは本来短期的な市場機能回復のための国家＝政府の経済機能を支える経済国家機能であるが、ひとたび発動されると、銀行制度の機能回復が公的資金の返済後も以前の市場機能への復帰とは異なる市場機能の変化をもたらす。それは国家＝政府への市場介入を前提にした市場機能の変質で、いわば市場機能の自立性の回復を想定しない自律性を喪失した市場経済システムである。

このような国家市場経済下での市場機能の変質は、国際的な金融危機を引き起こした金融資本主義的な新自由主義の展開の功罪を検討することなく、公的資金投入による銀行制度の再生と市場の再生を通じて、さらにこの金融資本主義的な金融市場優位の政策が基調となることで加速されることになった。国家市場経済とは、金融資本主義的な金融プログラムの政策でセキュリタイゼーションが推進され、サブプライム市場を包摂し地価と株価の金融資産の上昇を梃子にした金融革新手段を、支払い＝返済能力が著しく低いサブプライム層にも適用し、このような支払い不能危機を内包した金融商品を高度に加工しリスク別に分類したものの、これはリスクの分散に過ぎず、リスク遮断システムを内包していないため株価の低下やサブプライム層の支払いショックによって、リスクの分散はリスクの連鎖となって逆流し、金融市場の破綻が金融制度の危機をもたらす金融恐慌を招来させることになったため、その市場の破綻処理のため事後的コストとして国家＝政府が銀行制度再生に膨大な公的資金を投入するという市場再生コストを支払う経済システムである。しかし、その後もこうした危機問題を回避する政策が再検討されることなく、サブプライム市場の証券化市場への包摂化をただ排除しただけの市場再生では、市場危機時には国家＝政府による救済システムを想定した国家市場経済を前提とした国家＝政府依存型の歯止めなき金融資本主義的市場経済が市場危機を内包したまま進展し、新たな銀行危機、金融危機を招来させる懸念がある。

現在、トランプ大統領主導の貿易戦争前夜の危機を迎え、世界経済の不安定化要因は増しているが、底流において金融危機への予兆が強く懸念されてきた。その最大の要因は債務危機である。アメリカでは金融政策の正常化によるバブル崩壊と、ドッド＝フランク法の見直しによる規制緩和の行方が懸念されているが、中国では景気の減速から銀行の隠れた不良債権の増大とシャドーバンキングの融資膨張が不安視されている。日本はさらに深刻で、日銀が国債と株式を異常に買い込み金融市場機能を歪めると同時に日銀の経営危機が懸念されるという想定外の事態に直面している。その結果、潜在的な銀行の経営危機を招来させ、他方では日銀が上場投資信託（ＥＴＦ）の購入を通じて株式市場で上場企業の四割の大株主になるという異常状態が出現した。デフレ脱却の金融政策の結果デフレ脱却は実現せず、株式市場で中央銀行が大株主となるという中央銀行による産業支配は、金融資本を規定したヒルファディングですら理念的、抽象的にしか想定していなかった金融資本状況で我々はこれをどう理解すべきか。

アメリカ発の金融資本主義的な市場競争視角は、ヒルファディングが提示する、銀行による固定資本融資（信用）を通じた産業との緊密化や経営への影響力の行使、銀行による証券市場支配と銀行による株式引き受け、さらには株式所有を通じた銀行による産業支配といった産業構造の独占化に伴う一連の金融機関の肥大化＝強大化を固定資本信用、証券引き受け、株式所有の産業支配要因を積み上げて主として信用、商業銀行、兼営銀行の業務拡大を論理的に関連付け、それを支配の面に焦点を置いて強調する金融資本分析視角とは対極にあるもので、商業銀行と金融市場の関係を軸に金融市場を牽引する投資銀行などの証券業の拡大による証券化市場の拡大を総合的に把握することで金融市場から証券化市場への展開を分析基軸に据えるものであった。そのため、このアメリカ型の証券市場、金融市場優位の構造のもとで展開される金融資本主義的政策と分析視角は、銀行を基軸に据えながらも金融市場から証券化市場への市場の高度化を貫く市場原理重視が政策の基本であった。しかし、現実の金融状況ではその市場原理を追求し金融機関の国際的な競争力の強化のために金融機関の統合が求められることになった。銀行と証券と保険を金融持株会社方式で金融統合する金融コングロマリットモデルである。ここで示された市場原理主義は金融・証券化市場で個々のマーケット参加者が平等に競争する古典的な競争モデルではなく、より効率的で市場競争を国際化するために金融統合を必要とするもので、この金融統合モデルがいかに市場原理を活用して効率的な市場システムを構築するかを目標とするものであった。つまりかつて自由競争がその帰結として資本の集中・集積を生み産業の寡占化・独占化を生み出すという産業構造の変化が自由競争メカニズムを変形させてきたが、現在では市場原理が貫徹しやすい金融市場・証券化市場においても、その競争の帰結として金融統合が生まれ金融統合を通じて市場メカニズムの効率化が図られることになった。

そしてこの金融統合と市場機能の効率化と国際化を牽引した証券化市場でのリスクの分散化は、銀行業務からの金融の分散化システムとして再構築され、独自に新たな金融潮流として展開され肥大化されたため、本来の銀行業務とは別の本来の銀行業務の裏側にあったはずのものが今や表で銀行業を凌ぐ勢いであることから、シャドーバンキングと呼ばれた。これは新たな金融革新の形態であった。

しかし、この金融統合は金融資本が重視する金融市場支配とどう違うのか。金融資本において兼営銀行としての銀行による産業支配の契機は証券業務（証券業資本）による株式市場支配と株式引き受けであり、アメリカ金融資本においても重視されたのは証券業資本としての投資銀行の株式引き受け業務が及ぼす影響力の大きさであった。アメリカでの金融資本主義の主張はこの投資銀行業務に軸を置いたもので、近年の新自由主義政策を金融資本主義の脈絡で表現するのは、それが支配構造ではなく市場の展開を重視する市場原理主義だからである。

ここでこうした金融資本と金融資本主義の時代背景の違いや産業との関係について論じる余裕はないが、明らかなことはアメリカで新たな金融統合システムとして議会で承認された金融コングロマリット方式が、中国の国家市場経済システムを運営する上で、国家＝政府が管理しやすい国家規模での金融統合システムとして採用され、国家＝政府が上から進める社会主義的市場経済推進の管理＝統合システムへと移転されたことである。これは国家市場経済下での国家主導の国家型金融資本現象であり、中国にとっては市場対応型の金融コングロマリットの傘下で銀行が海外投資家からの監視を受けるとはいえ、国家＝政府の機構や資金を市場の効率化や国際化に向けて活用することを目的にコーポレート・ガバナンスを構築する銀行の近代化が促進されることになった。

そして日本では日銀大株主現象の固定化を脱却する政策不在のまま、中央銀行による産業支配化という新たな中央銀行型金融資本現象が続いている。これは新たな中央銀行の金融革新というよりは市場原理を衰退させる市場危機現象というべきであろう。

つまり、アメリカの金融資本主義の破綻と再生プログラムをモデルにしながら、一方で中国は国家＝政府主導の国家型金融資本によって市場経済化を推進し、他方、日本はデフレ脱却方針のもと中央銀行型金融資本を作り出すことになった。そしてそのもとで市場再生ではなく明らかに新たな市場危機要因を累積させせているのである。

本書で収録されたサブプライム金融危機分析の視点はその後のアメリカの金融制度の危機の分析視角でもあり、その後の展開の基本問題を提示するものだが、それが現在の新たな市場危機とどのような関連を持つのか。これらの現代の市場危機要因を金融革新、国家市場経済、金融資本の歴史的観点から再検討することにしたい。

## 第二節　中国の国家市場経済と市場型金融支配への転換

### (1)　国家金融支配から市場型金融支配への転換

中国の国家市場経済は、リーマンショック以後の国際間の市場経済競争において社会主義的な国家＝政府主導の市場化に向けた銀行の近代化を金融コングロマリットのもとで推進してきた。この金融コングロマリットによる国家統制型の市場経済化は、国家＝政府による市場の効率化と組織化によって独自の展開を遂げてきた。ここには市場経済発展に伴う無政府性をいかに統制するかという課題に、アメリカ型の金融グループ主体の金融コングロマリット方式を国家規模の社会主義的統制管理システムに転用して市場競争力の強化を図るという世界戦略がある。そしてそれはまた、金融機関を国家が直接的に支配する国家金融支配から、個々の金融機関の経営戦略を尊重する市場型金融支配への転換でもあった。

中国の市場経済化戦略は試行錯誤の連続で、株式会社制度の導入と株式市場の発展を基礎に市場化を進めたが、アジアの通貨危機で株式市場依存の市場の近代化は大きく後退し、アメリカ型の市場化ではなく間接金融構造を維持する市場化戦略のもと、株式市場の発展を補完する債券市場とりわけ、銀行制度に依存したインターバンク債券市場の発展とその拡大を図ることで独自の市場化システムを構築することになった。このインターバンク債券市場は銀行の近代化に向けて大きな役割を果たすが、インターバンク債券市場は銀行の近代化によって促進される関係にもあった。そしてその銀行の近代化を主導した中央匯金投資有限責任公司（会社）は、外貨準備の銀行への公的資金注入とこの債券市場の銀行依存システムで不良債権処理を行った。銀行の近代化は不良債権の処理、株式会社への転換、上場の戦略的な方針に従って進められ、中央匯金会社は公的資金の注入、株式会社転換に向けた資本増強の支援の主導的な役割を果たしたが、特に留意すべきことは中央匯金会社が資金援助のために債券市場で匯金債を発行して必要資金を調達したことである。金融債とは異なる匯金債発行は、多様な債券発行の契機となり債券市場の発展に寄与することになった。

中央匯金会社は不良債権処理のため公的資金注入を通じて国有商業銀行の大株主となり、金融コングロマリットの中心的位置を占める中で、さらに株式会社への転換を促進するために債券市場を活用した。銀行の近代化は中央匯金会社による金融コングロマリットによって推進されたが、このプログラムの成功は銀行依存型債券市場の機能を活用して銀行の株式会社化を推進できたことにあった。この中央匯金会社の債券市場の活用と株式会社化を仲介する役割は看過されてきたが、この金融コングロマリット形成過程の市場構造と銀行の近代化プロセスは中国独特の市場化で、これをみる限り中国の銀行の近代化が市場化に対応したアメリカ型コーポレート・ガバナンスの確立と銀行の自立化に向かうとは考えにくい。中国では金融コングロマリットの枠組み内で、外貨準備に依存しながら国家＝政府の支援を期待する形での銀行の自立化と国際化が経営戦略となろう。こうして社会主義的市場経済の金融コングロマリット主導の市場化と国際化が展開されるとみるべきであろう。金融コングロマリットによる金融機関支配は、支配統制の強化ではなく、市場化に対応した金融支援システムで、国家＝政府の市場外部からの支援をも想定した市場の効率化と組織化を目指すものであった。中国の国家市場経済への移行は、資本主義市場経済との市場競争での優位性を意図した新たな市場型の社会主義的市場システムの構築という視角から再検討すべき課題である。

## (2) 金融コングロマリットと銀行依存型債券市場でのシャドーバンキング

金融コングロマリットは、中国型市場経済の中核をなす市場型金融支配を作り出したが、市場化は銀行が政府プログラムに従うか、市場化＝自由化に従うかの選択を迫ることになる。この矛盾が政府の規制からの回避策として銀行主導の市場化＝自由化を求める幅広い金融機関などを結集した理財商品への運用市場を作り出し、これらの金融領域が正規の銀行業務枠外に展開されたシャドーバンキングとして注目を浴びることになった。これは市場化の展開で懸念されるバブルへの金融抑制が検討される中で起こったことであり、国有商業銀行が株式化と国際化によって世界市場でトップクラスにいきなり台頭した急激な展開という光の中での影の部分であった。中国の社会主義的な市場経済の展開は国有商業銀行の株式会社化と上場という市場化への適用によって市場経済共通の管理と基準で国際競争を展開するが、それは資本主義市場経済との同質化を目指すものではない。大銀行はその経営戦略に膨大な外貨準備の導入と活用を提案し、それによる競争力の優位性を構想する。これが国家＝政府の金融支配下にある銀行の経営の自由度であり、国家＝政府の資金を組み込んだ大銀行の経営戦略にこそ国家資金を市場化し組織化して効率的に運用する社会主義的銀行の強みがあり、金融コングロマリットが生み出す競争力強化の源泉となっている。

外貨準備はその基準が中国独自の色彩が強く国家レベルにすべて資金が集約される仕組みなので、他国との比較で膨大な外貨準備がそのまま中国の経済的優位性を反映したものとはいいがたいが、その膨大な外貨準備が銀行の競争力強化の源泉になるという仕組みに注意を払うべきであろう。

シャドーバンキングは、市場化プロセスで不可避な市場化と国家＝政府の制度設計との矛盾であるが、国家＝政府が金利の自由化の進展プログラムを銀行側のニーズに即して取り込むことで市場化を円滑に進めるのか、それとも市場化の動向を見極めて再構成するのか、コングロマリットでの市場化戦略の有効性を問う課題といってよいであろう。

中国では債券市場の発展を牽引する国有商業銀行による規制回避としてシャドーバンキングが生まれ

てきたが、それは一世紀前のアメリカにみられる信託会社的金融革新の段階に相当するものであり、アメリカの信託会社の発展が引き起こす競争力を内包するものではなく、中国のシャーバンキングを構成する信託会社などの金融機関は大手商業銀行の業務を分担する補完的な存在とみるべきであろう。中国において市場経済を牽引するのはかならずしも株式市場ではなく、その機能を代替したのは商業銀行が主導する債券市場で、この銀行優位の市場化が中国市場経済の特徴であった。中国の国家市場経済はこの独特の市場経済下で国家=政府が銀行の不良債権処理と近代化のために採用したシステムで、その制度的枠組みが国家規模の金融コングロマリットの形成であった。

### (3) 中国のシャドーバンキングの背景と課題

中国のシャーバンキングの特徴は、銀行が開発した理財商品が主力商品だということである。シャドーバンキングの背景と基本は、景気の過熱を懸念する政府と人民銀行の規制を回避する手段として、銀行が正規の銀行業務以外の資金運用ルートを開発し、従来の銀行業を軸に新たな資金運用市場を創出・育成してきたことである。社会主義的市場経済はこれまで政府管理下で政府の制度・設計のもとに市場の育成と発展を進めてきたが、銀行が金融当局の規制回避手段として自主的に新たな市場を創出したという点で、このシャドーバンキングは中国の市場経済が初めて直面する金融革新なのである。

シャドーバンキングでは、銀行による信託会社経由の迂回的な貸付けルートが開発され、さらに銀行による理財商品の販売が暗黙の銀行保証を想定させることもあり、個人の投資資金も集中してこの間一気に急成長してきた。これは金利自由化を底流に持つとはいえ、短期的にはその膨張が急激なだけに今後の展開が予測できにくいような市場の不均衡と攪乱を孕んだ市場経済的な動向なのである。

社会主義的市場経済の進展過程で、しかもリーマンショック以降の世界的な金融恐慌下で世界経済牽引の推進役を担ってきた中国経済の発展が直面した規制の枠外の市場発展が中国のシャドーバンキングであり、世界経済に大きな影響を与える懸念からサブプライム金融危機との比較で注目を浴びることになった。中国の金融制度の枠外の資金の存在はこれまでも様々に地下経済のような形で語られてきたが、今回のシャドーバンキングはこうした資金の存在を背景に正規の金融システムの周辺に新たな資金運用市場が出現し、自然発生的な市場育成の観点から政府も一定期間黙認してきたと伝えられた市場であった。

問題は、信託機関などの非銀行金融機関や地方政府プラットフォームの資金が理財商品に集中されたが、その資金の一部が不動産市場や住宅の分野に流入し、価格の騰貴などの資産価格の上昇に連動しつつあることである。これがバブルの予兆としての現在の大きな懸念材料となっている。

中国の市場経済は銀行主導のインターバンク債券市場の脈絡上に銀行を仲介しない金融取引としてシャドーバンキングが展開されているが、実際にはシャドーバンキング・システムの中核金融機関が銀行だという点に大きな特徴がある。

学術交流でも中国の市場化での重要な金融政策の課題がバブルの抑制にあり、中央銀行がピンポイントでいかに資産価格の上昇を抑制するかが議論されてきた。ところが、問題はこの中央銀行による金利規制を回避する行動としてシャドーバンキングが起きてきたことである。バブル抑制手段が新たなバブルの萌芽を生み出したのである。しかもその市場は資産価格市場ではなく、株式市場の背後にあって、資本市場としての役割を期待されていなかった債券市場、特に銀行主導のインターバンク債券市場においてであった。この一連の金融取引に信託機関などの金融機関が参加し、個人投資家を巻き込んで不動産市場にも資金が流入することで中国型のシャドーバンキングが生まれた。

中国の市場経済は、低迷する株式市場が復興し株式・証券市場を担う証券業資本がどのように発展するかに今後の市場発展の鍵がある。しかし、中国は現在、それ以前に銀行主導のシャドーバンキング問題に遭遇している。中国のシャドーバンキングの危機は、債券市場での規模の中ではまだ抑制が効く段階であるが、そのまま銀行システムの危機に連動する懸念を抱えている。他方でシャドーバンキングには金利自由化を求める投資市場の形成がその底流にある。中国政府の制度設計としては、銀行が求める金利の自由化への道を段階的に提示することを模索しながら、まずシャドーバンキングの動向を一定の管理下に抑制し、そのシャドーバンキングの市場領域を新たな銀行＝インターバンク債券市場の展開市場と関連付けて正規に金融規制できる市場への取り込みを図る事が必要であろう。

### (4) 中国のシャドーバンキングと日米シャドーバンキングとの歴史比較

このアメリカのシャドーバンキングの重層な市場構造と全く違う中国において、近年シャドーバンキングが問題になったのは、国際金融市場、特にアメリカから中国の景気の過熱ぶりにアメリカと同じシャドーバンキング崩壊のリスクがあると警告がなされてきたからである。現象的には中国での個人投資家の投資行動の危うさが一番懸念された。この危うさはアメリカと同じだということである。しかし、市場経済発展の違いから中国のシャドーバンキングは独特の構造を持っている。

中国のシャドーバンキングは、政府の金融規制を回避するという形態では日本のバブル崩壊直前の住宅金融専門会社の不動産向け融資と似た迂回融資であった。日本の場合銀行が住宅金融専門会社を迂回して不動産融資を続行したことがバブル崩壊後の金融危機をさらに深刻なものにした。人民銀行金融研究所での学術交流で坂本の報告はバブル崩壊と住専問題で参加者の関心を引き活発な質疑があったが、その当時には中国で住専問題に匹敵する市場危機現象が起こるとは想定していなかった。中国工商銀行都市金融研究所とのテーマ設定においてバブル研究とバブル抑制政策も検討課題であったが、主要課題を銀行の不良債権処理問題に絞り、最終的に問題となったのは、銀行の近代化と経済発展に伴う市場危機要因としてのバブル抑制に向けた金融政策の有効性であった。シャドーバンキングは日本の規制回避とは現象的に類似しているが、日本のバブル崩壊期に銀行の迂回融資で不動産金融を続行したことは市場経済の無政府性を示すものであったが、中国の場合は市場化における金利の自由化要求という一種の金融革新現象である。これはアメリカの金融革新の歴史では一世紀も前の信託会社型金融革新に類似したものというべきであろう。現代アメリカの証券化型シャドーバンキングとは異質なものである。これについては後のアメリカの金融革新の歴史段階評価の中で明らかにしたい。

## 第三節　中国の不良債権処理問題と銀行の近代化
### ――学術交流の軌跡から見た近代化への取り組みとバブル抑制の金融政策、そして元の国際化

### (1)　国家市場経済と銀行の近代化

中国の国家市場経済への移行と金融コングロマリットの形成は、中国の銀行の近代化を目指す国家＝政府の市場化プロセスに即したものだが、その過程で制度設計は不良債権処理の大きさから試行錯誤の連続であった。なぜなら社会主義的市場経済への移行と株式会社制度の導入は、銀行の不良債権を念頭に置いたものであり、その資金源泉としての国債発行プランや諸外国の経験の検討が集中的に行われたが、市場化だけでは十分な対処が困難であることが明らかになってきたし、証券化手法の導入も直ちに有効とはみなされなかった。中国工商銀行都市金融研究所との学術交流はこうした不良債権処理と銀行の近代化をめぐる政策課題が明確になってきた時期に開始され、坂本が学長になった時期（二〇〇二～二〇一〇年）に本格化した。

ここに至るまでの社会主義的市場経済と銀行制度の近代化をめぐる政策問題については言及されることは少ないが、我々と中国との学術交流はこの過程に沿って行われてきた。ここでの研究テーマは一貫して不良債権処理問題であったが、金融コングロマリットとシャドーバンキングに至る銀行制度改革の根幹にあるのも不良債権処理問題であった。それまでの不良債権処理問題からこの二つの対峙する現象

がどのように急浮上することになったのか、それを明らかにするためにも、それまでの学術交流の展開に即して銀行制度近代化のプロセスを見ておくことにしよう。

①　中国の社会主義的市場経済の軌跡について熊本学園大学の金融グループの研究は、深圳の経済特区の研究からスタートしたが、それはその後も中国政府による株式会社制度・株式市場の導入にあたって、どのような意図で市場経済の導入が図られたのかについて考察する分析基準となった。その経験から北京での社会科学院、中国人民銀行金融研究所との学術交流で、株式市場と株式会社の制度導入には当初から市場経済化に伴って顕在化することが明らかな銀行の不良債権処理を、株式市場という市場システムによって処理しようとする政策的意図が隠されていたことが明らかになった。これは日本金融学会と中国金融学会との学術協定に向けた相互研究の過程で示されたが、その時点では金融の証券化を通じた不良債権処理手法の有効性も検討されていて、後進的な市場経済が先発の市場経済の経験を生かして飛躍的に問題解決と発展を遂げる後進性の逆説が期待されていたのかもしれない。旧社会主義諸国の不良債権処理の経験とアメリカ、日本などの経験も集積され、相当期間をかけて国家プロジェクトとして不良債権処理に向けた政策研究がなされていたようである。

②　中国工商銀行都市金融研究所との学術交流は日本とアメリカそして中国の不良債権処理の有効性を検討することであったが、それは同時に日本、中国の間接金融優位の金融システムと、規範とな

るアメリカの金融資本主義的な市場優位の金融システムとの比較においてアメリカの市場型の処理方法がどの程度有効かを問うことであり、その検討過程で公的資金投入の経済的意義と市場再生に果たす国家＝政府の役割りがクローズアップされ、ニューディール期の国家市場経済を基準に日本型国家市場経済を先行モデルとした中国の国家市場経済の比較・検討がなされることになった。アメリカは国際的な競争で銀行が市場を支配する枠組みとして金融コングロマリットを提起していたが、その枠組みを国家規模で適用したのが中国で、中国はアメリカモデルで国家市場経済を遂行したのである。では中国はどのように市場を再生するのか。不良債権問題は市場再生によるバブルとバブル崩壊に伴う不良債権問題の新たな段階へと移り、坂本はバブル抑制のための金融政策として人民銀行が資産価格をピンポイントで抑制できるかを提起したが、中国工商銀行都市金融研究所もまたこのテーマで政策の検討を進め人民銀行にその政策を献策したことが明らかになった。理論的には資産価格の騰貴という擬制資本運動への金融政策の有効性がそこでのテーマであったが、金融コングロマリットという国家市場経済下での市場再生は経済発展での銀行の貸付膨張が引き起こす市場危機に向き合うことになった。その意味で社会主義的市場経済は国家＝政府主導の市場経済発展の過程で初めて、市場経済の自立化傾向が国家＝政府の市場発展モデルとの間に軋轢を引き起こす市場危機を経験することになった。それがシャドーバンキング問題である。この構造的な脈絡を理解すべきであろう。

そこで中国の社会主義的市場経済問題に本学の学術交流がどのように取り組んできたかを明らかにす

るために、まず中国工商銀行都市金融研究所との学術交流以前の交流内容を整理することから始めよう。これは、国有企業改革、市場改革、金融改革の時代ごとにそのテーマに接近したものであったからである。そのうえで時代区分ごとに研究内容の要点を整理し、その脈絡上にそれ以降の金融状況を補足する。それによって中国の国有商業銀行が不良債権処理に取り組んだ過程を本学と中国との学術交流の研究の視点から整理し、国有商業銀行の近代化と市場経済の進展を明らかにすることができるであろう。

### ⑵　深圳証券取引所と国際シンポジウム

中国の社会主義的市場経済の推進のために国有企業改革が課題であり、市場経済の発展のために株式市場の導入と発展が不可欠であることは明らかであった。しかし、株式市場導入時にはその課題はまだ全く不明確で、まして累積されている不良債権を金融当局者がどう取り扱おうとしているのか、ということになるとそれは全く考慮外といってよいほどの問題であった。少なくとも通常の研究者のレベルではそのような情況であった。ところが、金融当局の中枢に近い人達にとっては、株式市場導入時に既に不良債権問題こそが重要問題であった。思いもかけず金融当局関係者からこの不良債権処理と株式市場との関係が明確にされたのは、まだ一九九五年のことであった。これは大きな衝撃であった。社会主義的市場経済は市場機能による不良債権処理をも構想して株式市場の導入に踏み切ったのではないか。そう思わせる内容であった。ここから銀行の不良債権問題が学術交流の基本テーマとなったのである。

本学の金融グループと中国との本格的な学術交流は一九九二年の国際シンポジウムから開始されるが、本学と中国との学術交流そのものは、一九八七年に締結した本学の海外事情研究所と深圳大学の特区経済研究所との学術交流から開始されていた。

しかし、それまでの特区経済研究の観点から市場経済化の研究への大きな転換点となったのが、一九九一年の深圳の証券取引所開設にあわせて深圳大学特区経済研究所が開催した国際シンポジウムであった。坂本は海外事情研究所所長として深圳大学特区経済研究所の招待でこのシンポジウムに参加し、日本の株式持ち合いと株価形成問題に加えて当時関心を引いていた特定金銭信託での大口投資家への損失補填問題を報告した。このシンポジウムでの議論を通じて、それまでの特区経済研究とは違う形で中国の社会主義的市場経済のあり方について最初の関わりをもつことになった。つまり、坂本にとって中国の金融改革問題への取り組みは深圳証券取引所という市場経済化の考察から開始されたのである。この経験は大学間の学術交流によってであったが、これが交流の第一段階であった。

深圳での株式取引は一九八六年に国務院が深圳を株式制改革の試験地に指定したことに始まる。とはいえ、株式売買はそう簡単には受け入れられず、困難を極めた。しかし、一九九〇年に株価が突如高騰し、一九九一年一月には暴落した。この株価の乱高下の中、一九九〇年一二月に株式取引所の試業が行われ、株式価格低迷の中、一九九一年七月三日に深圳証券取引所が開業した。国際シンポジウムは七月一日に開催され、テーマの一つは、資本主義の私有制の発展形態である株式制が社会主義的市場経済の公有制を脅かさないか、ということにあった。市場経済に有効だということだけで株式制の問題を論じてよいのか。つまり株式会社の支配をめぐる公有制と私有制の対立問題である。また、この時期に論じられていた株式制導入の目的は外資導入であったから、未整備の状態での導入は急ぎすぎだとの議論もあった。株式会社にふさわしい財務体制や管理体制、そして法的な諸整備の必要性が特に香港の出席者から提起された。市場経済に必要とはいえ明らかに株式会社制度の発展に向けた株式市場の意義を測りかねている混迷状況にあった。坂本はまずは流通市場の整備が必要だと報告書に書いたが、重要なことは中国で手探りではあれ市場経済化が開始されたことを実感できたことであった。（坂本 正「中国初の深圳株式取引所—株式制経済・証券市場国際検討会に参加して—」［海外報告］、熊本商科大学附属海外事情研究所『海外事情研究』第一九巻第一号、一九九一年一二月）

### (3)　不良債権処理問題と株式市場の課題

第二段階の学術交流は、台湾、香港、中国も含む広域のシンポジウムの形で一九九二年から始められ、これに従来からの深圳大学からの研究報告が加わり、研究領域が広げられた。国際シンポジウムは一九九二年一二月に「中国・台湾の広域経済圏」、一九九四年一〇月に「アジアの経済発展と金融」、一九九四年一〇月の研究会で「開放改革下の中国社会変動」、一九九五年七月には国際シンポジウムとしてアジアの経済発展と金融市場の観点から「香港をとりまく経済環境」を取り上げ、深圳からアジアへとテーマを広げ、復旦大学教授・陳《チン》 建安《ケンアン》氏、台湾大学教授・柯《カ》 承恩《ショウオン》氏、香港大学講師・陸《リク》 炎輝《エンキ》氏、北京対外経済貿易大学講師・張《チョウ》 憶傑《オクケツ》氏が参加した。しかし、中国の金融改革問題で不良債権問題がテーマに上るのは一九九五年である。この年の七月には「香港をとりまく経済環境」をテーマに、本学で台湾から柯教授、香港から陸教授、中国から戴《タイ》 園晨《エンシン》（中国社会科学院経済研究所長）教授の参加を得て、国際シンポジウムを開催した。その縁で、中国から参加された戴氏の多大な助力を得て同年一〇月に一〇日間の中国の金融改革調査と講演を企画し、中国社会科学院をはじめ関係機関・銀行・大学を訪問した。それは、この間の研究で中国の一九九二年から推進されている社会主義的市場経済の課題の一つである金融制度の整備と国有企業改革を考察する中で、不良債権問題が大きなテーマになり、最新の情報収集のため金融当局者からのヒアリングが必要と考えたからである。というのも理論面での様々な意見にもかかわらず不良債権問題への解決策は明らかではなく、鍵を握るのは金融当局の政策だからである。こうして、学術交流は、深圳からアジアへ、そして中国の金融制度と銀行の不良債権問題へと大きく転換を遂げることになったのである。

　しかし、この調査とヒアリングは我々の想定を大きく超え、坂本は信じられないほど最新の金融当局内部の政策課題を目の当たりにすることになった。その中で特に印象的であったのは、訪中初日の一九九五年一〇月四日、経済学界の権威である戴氏主催の歓迎会に同席された呉《ゴ》 暁玲《ギョウレイ》（中国人民銀行外国為替管理局副局長）氏、秦《シン》 池江《チコウ》（中国人民銀行金融研究所長）氏、王《オウ》 振中《シンチュウ》（中国社会科学院経済研究所副所長）氏との意見交換であった。そこで食事をしながら全く予期しないことに不良債権問題とその処理方法を巡って議論が盛り上がったのである。中国で不良債権問題が表面化してきたもののその解決方法は見つかっていなかった。そこで日本の住専問題に関わる不良債権処理の方法が話題になった。住専問題に政府が公的資金を投入するのかどうか。また株式会社の導入が不良債権の処理に有効かどうかも大きな関心事であった。これに対して坂本の答えは公的資金の投入は有効だが、日本の政治状況では無理だということ、つまり不良債権の処理に証券化は一定の有効性を持つが、中国の株式会社制度と株式市場の導入状況で市場での不良債権の処理は無理であるというものであった。これはやや驚きをもって迎えられた。これに対して株式会社制度で不良債権が処理できないのなら株式会社制度を採用した意味がないではないかという冗談とも本気ともつかない反応があった。それ以上に、日本は市場経済の先進国なので住専問題は市場で処理してほしい。市場処理でなく、財政資金を用いた公的資金の投入という解決策は避けてほしい。なぜならそのような先例があると財政資金に乏しい中国には大きな負担になってしまうからだ、という要望が出された。この段階では公的資金の投入はまだ論外であったのである。

この歓迎会の会話は鮮烈であった。そしてこれこそが中国における銀行の不良債権問題の重要性と株式市場との関係を我々に明確に認識させる契機となった。当時、あまり深く考えていなかったが、実は中国では株式会社制度導入の背景に銀行の不良債権問題があったのである。坂本にとってこれほどの衝撃はなかった。そこで、この調査期間の講演のテーマを「日本の証券市場の発展と課題」から急遽住専問題を中心とした「日本の不良債権とその処理について」に変更し、その内容に、「不良債権処理と証券化」を付け加えた。それは戴氏から不良債権の証券化は不良証券を作るだけで、それでは売れないではないかとの質問があり、アメリカでの金融の証券化について説明することになったからでもあった。不良債権処理問題はそれほどまでに坂本に強烈なインパクトを与えるものであった。そして、このテーマは社会科学院経済研究所の講演では特に関心を引くことになったのである。それにもう一つの話題となった銀行の不良債権問題と公的資金投入の関係であるが、これは、日本でもまだマスコミレベルで本格的に議論される前のテーマであったから、実に興味深いものであった。この二つがその後の学術交流の主要なテーマとなったのである。ともあれ、この一九九五年段階で、中国金融界で政策の中枢を担う人達の懸案事項が銀行の不良債権問題であったことに十分に注意を払うべきであろう。

しかし、この時期の中国の当面の重要課題は国有企業改革であったので、この調査研究報告では中国金融改革の展望として、国有企業改革の進展と国有専門銀行の不良債権問題の解決を重要課題とした（深町郁彌・坂本 正・平岡賢司・蔡《サイ》 剣波《ケンパ》「中国の経済発展と金融制度の整備についての考察」『海外事情研究』一九九七年三月）。この調査で坂本は、市場経済を推し進めるという点で中国経済は赤い資本主義として独自の資本主義的な市場経済への道を歩んでいるのではと投げかけたが、中国社会科学院では責任者の一人がそれを肯定して、我々が目指しているのは赤い資本主義だと言ってもいい、と発言されたのには驚かされた。若い世代からは社会主義的市場経済の社会主義は古い世代の人達への枕詞だという意見すらあったし、不良債権と証券化の問題についても強い関心があった。これが収穫であった。社会主義的市場経済は、資本主義化も恐れず確かに市場経済への経済システムの大転換を目指しているように見えたからである。

この調査研究を踏まえ、中国の金融改革について市場経済の一定の安定化のもとで、国有企業改革が国有専門銀行にとっても改革の試金石になることを問題提起した（坂本 正・蔡 剣波「中国の国有企業改革と金融改革」『海外事情研究』一九九七年九月）。

### (4) 金融改革と不良債権問題

このように金融界の中枢で不良債権問題は深刻に認識されていたとはいうものの、この時期の金融改革と不良債権問題については、まだ正面切って論じられる段階にはなかった。黄《コウ》 達《タツ》中国金融学会会長は一九九六年の熊本学園大学で開催された金融学会秋季大会（一〇月一九日〜二〇日）の特別講演で、改革は急がないという立場で経済改革と金融改革を論じられ、詳細に成果と課題を整理されたが、その観点からは不良債権問題の解決についても慎重で財政強化と融資ルートの調整としての直接金融の発展の必要性を挙げているに過ぎない。

黄氏は基本的には国有経済の意義を強調し、社会保障などの整備を伴う漸進的な改革を主張される。金融改革は経済改革を基盤として進められるべき課題であるが、一九九五年の中国人民銀行法施行直後に商業銀行法も公布され、商業銀行は専門銀行といわれていた国有商業銀行以外にも多数の商業銀行が生まれノンバンク金融機関も生まれてきた。このような商業銀行の重層化の展開の中で、金融改革は多くの課題に直面している。その一つがここ二～三年議論されてきた不良債権問題である。この問題への現実的な解決の糸口は、まず国有企業の改革によって新たな不良債権の発生を抑え、規模を縮小することである。そして銀行の経営管理の近代化を進めることである。中央銀行のマクロ経済調整メカニズムの設立、商業銀行の資産負債管理とリスク管理、これらが金融制度整備の課題であるとされた。

その上で、国有企業と商業銀行の関係では不良債権問題の解決は構造的に困難で不良債権が新たに生まれる悪循環が発生する懸念がある。それを回避するために財政強化と直接金融の融資ルートの発展が必要と主張されたのである（黄達「中国経済改革と金融改革の現状」蔡剣波翻訳『海外事情研究』、第二五巻第一号、一九九七年九月）。

この黄氏のゆっくりとした改革という立場は一九九五年の中国でのヒアリングでの印象とは違っていた。そこでは後れを取り戻すために急ぐべきだという議論が強かった。多分この違いは経済改革の環境整備として社会保障制度がなければ企業の倒産が社会不安を引き起こすという社会問題への対応を踏まえたものであろう。

この黄氏の招聘には秦 池江氏（人民銀行金融研究所所長）と中国金融学会常任理事の夏《カ》 徳仁《トクジン》（東北財経大学学長）氏が同伴され、本学での意見交換の後、一〇月二三日に福岡での西日本銀行主催の「中国金融・経済講演会」に出席されることにもなり、黄氏の基調講演と三名が参加したシンポジウムが開催された（その予告記事については、『西日本新聞』一九九六年一〇月一八日参照）。坂本はコーディネーターとして中国の実際の不良債権額がどの程度かを話題にした。その時の議論では国家資産も上昇しているので不良債権はまだそれほど深刻ではないとの主張がされた。この時に本学での意見交換用に用意されていたレポートで秦氏が「中国金融の対外開放と外資金融機関の発展」を取り上げられ（同上）、金融改革については夏氏が黄氏とほぼ同様の見解を示された。夏氏はその中で、不良債権の解決にはまず企業の自己資本の増強が必要とされ、小規模の国有企業の民営化、企業集団の組成による財務構造の改善、成長企業が株式会社制度を採用することで増資の一部を返済に充てる、などの様々な具体案が提示された。しかし、注目すべきことは、そこで社会的遊休資金による不良債権の吸収案として、政府が不良債権を専門的に管理する政策金融機関設立案も提示された事であろう。その案は、この政策金融機関が優先株あるいは債券を発行し、その調達資金を国有企業の銀行への債務に置き換え、企業の元来の債務を当該政策金融機関の国有企業への投資に転化させることで、国有企業の管理と改革に直接参加するというものである。これによって銀行信用危機を緩和させることができる、というものである。株式や債券発行による不良債権の置き換え方法である（夏 徳仁「中国経済改革における銀行資産の問題について」同上）。

次いで一九九六年一二月に本学で開催されたシンポジウム『中国の国有企業と金融改革』では王振中「中国の国有企業の改革について」、戴園晨「中国における株式市場の育成について」、桑《ソウ》月《ゲツ》（中国銀行信貸二部副部長）「中国の金融制度改革と外国為替システムの改革」の報告がされた。

王氏は第四期に入った国有企業改革の課題として、メインバンク制をとる企業の増大の必要性と破産や、M＆Aに対応する社会保障制度の展開の意義を説明したうえで、今後株式会社制度を軸として分野別に五種類に改編される改革プロセスを展望した。

戴氏は一九九五年から開始された政策銀行と商業銀行の分離の促進、中央銀行の経済調整方法の改善、金融監督・管理制度の改善、一九九六年からの国債による公開市場業務の導入、人民銀行の国有商業銀行に対する貸付規模の管理の改善、為替管理の加速、保険制度改革の促進を説明し、理論界が早くから提起してきた直接融資の必要性が、一九九六年からやっと政策として採用されることになったことを報告された。これが預金分散としての融資ルートの変化と資本市場の興隆である。というのは、預金による銀行の間接金融が、銀行に利益をもたらすどころか銀行の貸付構造の改善と不良債権解決の負担になっているからであった。五か年計画で直接融資ルートの育成と個人資産の分散が金融改革の一つの柱になった。資本市場発展としての国債投資、大衆の投資手段としての投資基金の拡大が重要である。特に債券と株式投資を発展させ証券市場の整備を進めることが国家の発展計画の中に位置づけられたことで、証券市場はこれまでの実験段階から発展の段階に入った。中国では株式市場導入以後、投資家は国の政策を投資するかどうかの基準で見てきた。今回の決定で証券市場発展の方向性が明確にされたとの見解を示されたうえで、証券市場はブームであるが市場の監督・管理の強化、投機の抑制、立法と取引の規範化、市場構造の改善などの多くの課題を挙げられた（戴 園晨「中国における金融改革の進展と資金調達ルートの変化」蔡 剣波翻訳『海外事情研究』第二五巻第二号、一九九八年二月）。

しかし、銀行の不良債権問題については立入った考察はなされなかった。これに対して桑 月氏は、中国の金融制度改革とその問題点を明らかにされ、外国為替制度の改革について報告された中で不良債権問題にも触れられた。それによれば不良債権問題の底流には、社会主義経済の影響が残っていて貸付と返済の意識がまだ稀薄であること。そのため、返済が遅れ不良債権化が進んできたこと。企業は破産を隠れ蓑に銀行債務を逃避する傾向さえあることなどを指摘したうえで、国有専門銀行が不良債権を抱えた状況で商業銀行への転換を余儀なくされていること。したがって不良債権の解決が急務だと問題提起をされる。しかし、さらに問題なのは、国有商業銀行と他の商業銀行との不平等な競争が起きていることを挙げ、桑氏はこの点を重視する。他の商業銀行が政府の干渉から比較的自由で資産負債管理政策を実施しているのに対して、国有商業銀行は中央銀行からの厳しい管理、政府性貸付の要請があり、計画経済の影響がまだ残っている状況にある。この不平等な競争条件をどのように克服できるかが課題とされた。これは銀行間の競争問題を提示した点で興味深い論点である（桑 月前掲書）

王 振中氏は地元紙のインタビューに対して、中国政府が経済開放政策を掲げてから一八年、まだ建設途上だが、古い体質の改善が必要で、そのためには不良債権を抱え政府の介入を受けている国有企業改革が必須で、これらが克服できれば二〇一〇年ぐらいには国際市場で諸外国と肩を並べることができるとの抱負を述べた（『熊本日日新聞』一九九六年二月一九日）。結果的にはその予想は的中したが、当時の諸課題は国有企業改革であった。不良債権問題はまだ後景に置かれていたのである。

(5)　証券市場調査研究と金融学会学術交流協定の準備

こうした研究動向を受け一九九七年四月には銀行改革の当面の重要な外部環境になっていた証券市場の動向に焦点を当て調査研究を継続した。前回の調査とヒアリングでは、不良債権処理問題にアメリカと日本の経験を話したが、中国ではこれについてはまだ慎重な態度であった。そこで金融制度改革のもう一つの柱である資本市場発展の実情と課題を探る必要があったからである。

この調査で、中国では銀行制度改革に向けて、不良債権急増の危機にある国有銀行を救済するため、証券市場の発展によって国有企業が国有銀行に過度に依存するリスクの分散を進めたことを確認した。また、証券市場が国有企業改革、金融改革の重要な市場要因としてクローズアップされ、証券市場が果たすべき多くの課題の一つに、株式制度による不良債権問題の解決も挙げられていることも銘記されるべきであろう。

しかし、国有企業改革、銀行改革、証券市場の発展の三つの関連のもとで、銀行の負担軽減のため、銀行への資金ルートの一部を証券市場に誘導したことから一九九六年、証券市場に投機資金が流入することにもなったこと。そして同年末、過熱を抑制する政府の政策で市場は一転して大きく反落した。こうして、アジアの金融・通貨危機の影響もあり、証券市場の発展は調整段階に入ったことを指摘し、証券市場が国有企業改革の促進要因となるかどうかを今後の研究課題とした（深町郁彌・荒川米一郎・坂本正・平岡賢司・蔡 剣波「中国の国有企業改革と証券市場についての考察」『海外事情研究』一九九九年二月、参照。なお、この報告で一九九六年四月からの調査とあるのは一九九七年の誤記である)。銀行が圧倒的な影響力を持つ中国の金融構造で、証券市場が大銀行の融資の負担を軽減させ大銀行の不良債権処理に果たしてどのような影響力を持ちうるのか。証券市場と銀行の関係が問い直されることになったのである。

ところで、この調査研究はこの期間中に日本金融学会理事会の依頼を受け、深町(常任理事)と坂本(理事)が中国金融学会との学術交流協定についての協議を行うことがもう一つの課題であった。

そのため、中国金融学会の事務局を担当している人民銀行金融研究所と緊密な連絡を取る必要があった。そのキーパーソンが人民銀行金融研究所名誉所長・趙《チョウ》 海寛《カイカン》氏であった。四月三〇日と五月七日の二回にわたって交渉を詰め、五月六日に中国金融学会・中国人民銀行金融研究所主催のシンポジウムで深町と坂本が講演を行った。坂本のテーマは「バブル崩壊後の日本の金融制度と証券市場」であったが、主たる内容は、住専問題の処理と公的資金投入の是非をめぐるものであった。趙氏からはいつも辛口の聴衆の反応が良かったといわれたが、当時この点に政策当局者の関心があったということであろう。その時「調査メンバー坂本の名札の裏に日本銀行前総裁の三重野氏の名前が書かれていることも調査活動中のエピソードの一つとして印象に残る。」と調査報告には記されている。前回の講演者が三重野前総裁であった。そしてこうした事務折衝の結果、一九九八年四月一六日、日本金融学会と中国金融学会との学術交流締結が三木谷良一日本金融学会会長、深町郁彌常任理事、坂本 正理事、出席のもと行われた。これが調査研究の大きな成果となった。

一九九八年にはそこに至る過程まで二回、研究会と国際シンポジウムを開催した。一月一二日に海外事情研究所の研究会で孫《ソン》 祁祥《キショウ》（北京大学経済学院保険学部長）氏の「中国の国有企業の改革と社会保障制度の整備」の報告があり、社会保障制度の必要性と保険問題を議論した。これが縁で坂本は北京大学金融研究センター特別研究員（一九九八年四月、任期二年）の招聘を受けることになった。次いで三月二七日、本学での国際シンポジウム『アジア経済と金融危機』を開催し、趙氏らの三人からの報告がされた。ここでの趙氏の報告で興味深かったのは、中国の市場経済改革の課題の中に特に証券市場の発展を掲げていなかったことであろう。その背景にはアジア金融危機の教訓として証券市場の発展と国際化による金融危機の伝播への懸念があった。そのため、証券市場の急速な発展プランは抑制されたのである。

### ⑹　中国工商銀行都市金融研究所と本学の金融グループとの学術交流前史

中国工商銀行都市金融研究所の詹 向阳所長とは、坂本が一九九八年四月一六日の日本金融学会と中国金融学会と学術交流締結（於—北京）に日本金融学会代表団の一員として参加し、その席上で初めてお会いした。

詹氏は中国金融学会の紅一点の常任理事であった。その日の昼食会で最初に詹氏から尋ねられたテーマが不良債権の証券化の有効性問題で、それは発展途上国の累積債務問題を含む諸外国の経験から中国での証券化による不良債権処理がどの程度有効かというものであった。詹氏がこう質問されたのは中国でいち早く証券化問題に取り組んでいた専門家で各国の様々な情報と分析をされ、政策提言をされていたからである。その頃中国では不良債権の処理問題について国家レベルで研究チームが組織されていたらしく、国有商業銀行の改革と不良債権処理は重要課題となっていた。この出会いが中国工商銀行都市金融研究所との学術交流の契機となった。

金融改革については一九九八年五月二九日、本学の海外事情研究所の研究会で、再度来学された黄達（人民大学元学長）氏による「国際金融の変化と中国の金融改革」の報告がなされた。黄氏には四月の北京訪問でもお会いして、この間の個人的な意見交換で、不良債権処理方法の有力な案として国債発行による不良債権処理が浮上していた事が明らかになったことが収穫であった。黄氏は以前から国債発行による不良債権処理案の提唱者であった。筆者の質問に対して、黄氏からは何故早く私に不良債権処理の方法のことを聞かなかったのかと笑われた。通訳はいつものように蔡 剣波（当時熊本学園大学助教授――現在、中国銀聯常務副総裁・銀聯国際ＣＥＯ）氏で不良債権問題についての議論はかなり深められた。この当時中国政府は四大国有商業銀行の不良債権処理のために二七〇〇億元の資本注入を行い具体的な対策に乗り出していたのである。しかし、問題解決への目途が立っていたわけではなかった。それに、一九九五年の宴会で話題になった不良債権処理問題の論点は頭から離れなかった。それは中国の財政は政府による巨額の資本注入にまだ耐えられる状況にはないという深刻な問題提起であったからである。

市場経済体制の確立に向けて、国有企業の改革が進まなければ国有商業銀行は不良債権化を覚悟で貸付を続行せねばならず、銀行の経営危機回避のために人民銀行が中央銀行として貸付を増大させればインフレを助長しかねず、とはいえインフレ抑制のために金融引き締めを行えば今度は逆に銀行には準備金不足や支払能力問題が浮上するというジレンマを抱えた構造では、解決はもはや政府による銀行への資本注入しかない、と思われる。とはいえ、中国では財政問題からその資金源が保証できる状況にはなかった。こうした問題状況の背景を検討するため、国際的な研究会は継続され本学では、二〇〇〇年六月二一日、海外事情研究所の研究会での聶《ショウ》 春華《シュンカ》（東北財経大学国際経済貿易学院助教授）氏の「中国の国有企業改革の新展開」が報告された。そしてこの年の末、学術交流の在り方を展開させる、一つの大きな転機が訪れた。

二〇〇〇年一一月四～五日にかけて九州大学で開催された日本金融学会に中国金融学会の代表として詹《セン》 向阳《コウヨウ》所長、が招待され、その後一一月八日に開催された本学の国際シンポジウムに詹所長が樊 志剛副所長とともに参加されたからである。中国工商銀行都市金融研究所関係者との具体的な学術交流の始まりであった。

テーマは下記の通りである

詹 向阳「中国における近年の経済発展と二〇〇一年の展望」
樊《ハン》 志剛《シコウ》「中国における銀行業改革の現状と未来」
徐《ジョ》 有軻《ユウカ》（中国光大総公司発展研究部）「中国の金融改革と新興商業銀行の発展」

詹氏は総論として経済発展をテーマに今後一〇年経済成長が続く展望を詳細に述べられた。各論として樊氏が、一九九四年からの中国銀行業界の改革と展望について報告をされた。それによれば中央銀行の機能強化と一九九四年の三つの政策性銀行が設立され、これによって国有専門銀行が国有商業銀行への変化を進めることができるようになった。他方、一九九三年から始まった金融調整によって金融市場の発展が図られ、貨幣市場と資本市場を分離する金融市場体系が設立された。そこで金融市場発展における銀行の役割に触れ、貨幣市場と資本市場は明確に分離されたことで、銀行資金は信用貸付と貨幣市場に集中していて、株式市場への資金の流入は禁止されていることを指摘されている。また、地方金融機関と中小金融機関の成長を近年の特徴として挙げているが、最大の課題は目前に迫ったＷＴＯ加盟である。銀行業はＷＴＯ加盟後に外国の銀行との競争に対抗するためにも市場経済体制にふさわしい金融システムの構築が必要であることを強調された。それには、中央銀行の調整機能を強化し、国有商業銀行の経営自主権を拡大させるとともに、金利の市場化を進める必要を説明した。その上で、金融リスクの防止と回避のために国有商業銀行の不良債権比重を低下させ、リスク回避能力を向上させることが課題だとされた。その第一が一九九八年から政府が進めている四社の金融資産管理公司の設立である。この四社は国有商業銀行の不良債権の購入、管理と処理を行い、これによって商業銀行は不良債権の処理を行う。国有商業銀行はこの政府の政策を積極的に活用して資金の整理、貸付管理の強化を行うべきである。第二にこの管理の強化で新規の不良資産の出現を防止すべきである。第三に延滞資産の引当て準備率を引き上げる。第四に国は銀行資金の拡充のために特別国債を発行し、銀行の自己資金比率の向上を高める。長期的には株式化を進めて社会的な資金を吸収し、上場による自己資本比率を高めることである。ここに商業銀行改革の目的を据えられた。

徐氏は特に新興商業銀行の発展状況を取り上げ、新興商業銀行は国有企業に依存して設立され、株式制を取っているが、実質を伴っていない。また、監督、管理が不十分である。そして、これらの課題の中で今後の方向として銀行、証券、保険の相互参入の動向に対応できる体制を整え、ネット取引を進めるべきである、と主張された（『海外事情研究』第二九巻第一号、二〇〇一年九月）。

樊氏が指摘しているように、国有商業銀行の不良債権問題は政策的な課題となりつつあった。銀行は管理の近代化に取り組むべきであり、政府によるこの段階での一つの新たな具体策は、まず金融資産管理公司を設立し国有商業銀行から不良債権を切り離して処理する手法の採用であった。そしてここで既に国が銀行の自己資本比率の改善を図ること、そして銀行の株式化と上場が目標とされていた。これらはＷＴＯ加盟の外圧からの課題であった。緊急課題であったが、そのための本質的な問題は、樊氏が指摘される特別国債の発行で最終的に莫大な不良債権処理をできる資金源を確保できるか、どうかである。

翌二〇〇一年一月二四日、同研究会での沈《チン》炳熙《ヘイキ》（中国人民銀行東京代表処主席代表）氏の「中国におけるマクロ金融政策の強化とその実施効果」で人民銀行の金融政策の課題を議論し、二〇〇一年七月一二日、同研究会での姚《ヨウ》凱《ガイ》（深圳大学経済学院副院長）氏の「深圳経済特区の新たな発展」の報告と研究が続けられた。

しかし、重要な出来事はこの間、坂本が二〇〇一年五月、日本金融学会と中国金融学会との学術交流の一環として中国を訪問し、中国金融学会・中国都市金融学会で海外担当常任理事の立場で日本金融学会を代表して、「日本の金融制度改革の経験と教訓」を報告したことであろう（城市金融研究所・中国城市金融学会『金融論壇』六／二〇〇一）。当時の日中関係の緊張のため結局蔡氏と二人での訪中となったが、そこで黄 達氏、趙 海寛氏、詹 向阳氏をはじめ、北京大学の胡《コ》 堅《ケン》教授等多くの関係者と意見交換をした。話題は社会主義的市場経済の進展と銀行の不良債権処理問題であった。中国でもいよいよ政府が本格的な銀行の不良債権処理と銀行の近代化に取り組み始めていて、いまや不良債権問題は日本と中国の共通の金融問題となってきていたからである。
この問題が具体化されるのは、二〇〇一年一二月一七日に開催した国際シンポジウム『中国における不良債権処理と金融改革』においてである。これが不良債権問題をテーマに掲げた最初の国際シンポジウムである。報告者は次の四名である。

胡堅 (北京大学中国金融研究センター長)
「中国における不良債権処理をめぐる論議」
徐有軻 (中国光大総公司発展研究部所長)
「中国における株式制銀行の不良債権処理問題とその処理」
趙海寛 (中国人民銀行金融研究所名誉所長)
「中国における不良債権問題形成の原因と処理の戦略」
詹向阳 (中国工商銀行都市金融研究所所長)
「中国における不良債権問題の形成と処理―国有大銀行を中心にして―」

ここで胡氏は四大国有商業銀行の不良債権処理はまだ十分に進んでいない状況と背景を説明し、趙氏は処理に向けた国家戦略の意義を述べられた。詹氏は証券化を含むさまざまな具体的な処理方法の可能性を提示された。徐氏も新たな方法として特に証券化での処理を強調した。証券化を含めここでは不良債権処理についての戦略課題と多様な処理手段は提示されたが、中国の市場発展の段階で処理できる可能性は低いといわざるを得ないものであった。実際その試行錯誤の中で理論的にはともかくどれが現実に基軸になるかまでは明示されなかった（『熊本日日新聞』二〇〇一年一二月一八日）。

このシンポジウムに先立ち、坂本は胡氏から二〇〇一年一二月一六日付で中国金融研究センター顧問就任（五年）を招請され、翌二〇〇二年四月北京大学中国金融研究センターで「日本の金融制度改革と不良債権問題」を講演した。しかし、それまでの講演とは違って、質問のほとんどは中国が取り組み始めていた不良債権の回収処理機関としての金融資産管理公司の可能性と日本のＲＣＣ（整理回収機構）に関わるもので、金融資産管理公司の実務家からの参加が多く新聞、テレビのマスコミの取材も入った。関心と議論の焦点は銀行の不良債権を如何に具体的に処理できるかであった。

### (7)　中国工商銀行都市金融研究所との学術交流と不良債権問題

以上の学術交流の経緯から明らかなように、中国の社会主義的市場経済は国有企業改革、金融改革、市場改革を軸に銀行制度の機能分化と市場の整備を進め、この二一世紀型の中国の銀行改革が不良債権処理を前面に掲げて推進される時期は坂本の学長の期間（二〇〇二〜二〇一〇年）に対応している。

こうした経緯で中国工商銀行都市金融研究所から熊本学園大学との学術交流協定の申し入れがあったのが、二〇〇二年八月の坂本の学長就任後のことであった。ＳＡＲＳ問題などのため日本初となる正式の交流協定締結は二〇〇四年五月までずれ込んだが、その間の交流で中国工商銀行をはじめ四大国有商業銀行が不良債権処理に取り組んでいるのは明らかであった。しかし、その当時、市場では不良債権額は公表されている数字をはるかに上回るのではないかという推測が強く、一部ではとても不良債権処理は困難との声が強かった。また国家が不良債権処理の資金を特別国債の交付で賄う方法も解決策になるかどうか、不安視されていたのである。しかし、この時期に中国では中央匯金投資有限会社による銀行への資本注入計画がなされていた。

こうした背景から、中国工商銀行都市金融研究所との共同研究は、この厳しい不良債権処理問題について熊本学園大学の金融グループは日本とアメリカの経験と教訓を提示し、中国工商銀行都市金融研究所の側は中国の実情と取り組み過程を報告し相互に議論を進めるという形を取った。

まず、中国工商銀行都市金融研究所との学術交流に関する協議のため二〇〇二年一一月二八〜一二月二日にかけて北京で関係者と意見の交換を行い、坂本は「日本政府の最新の金融制度改革の方策と効果」を報告した（前掲『金融論壇』八／二〇〇三、参照）

そして二〇〇四年一〇月まず北京で第一回国際シンポジウムを開催し、坂本が「日本の金融行政の経験」を報告した（熊本学園大学『グリーンタイムズ』第二四二号、平成一六年一一月一六日）。二〇〇五年の第二回の北京での国際シンポジウムでは坂本が「日本の銀行業務の多角化における経営的経験と教訓」を報告した（『平成一七（二〇〇五）年度、日本・中国金融研究プロジェクト報告書』）。この間の意見交換で、詹氏はこの三年ほど計画的に不良債権処理計画が進められているので、不良債権処理はいまやそれほど懸念材料ではないと余裕をみせていた。蔡　剣波氏も工商銀行はいわば国家なのだから救済されますよ、とこれまた自信ありげであった。しかし、その具体案を明かしてはもらえなかった。

二〇〇五年一〇月本学での第三回国際シンポジウムで、コーポレート・ガバナンスがテーマとなった。これは詹所長からの強い要請であった。日本と一緒にアジア型のコーポレート・ガバナンスができないか。それが詹所長の狙いであった。副所長　樊　志剛氏は当時の銀行問題として「中国国有商業銀行におけるコーポレート・ガバナンス改革の現状と課題」を報告された。本学側から坂本 正「銀行業のコーポレート・ガバナンスの課題─コーポレート・ガバナンスと不良債権処理─」、貞松 茂「日本のコーポレート・ガバナンス・システム─監査役設置会社と委員会等設置会社の比較─銀行を中心として─」の報告がされた。

樊氏は中国の銀行が進めているコーポレート・ガバナンスの重要な状況としてまず、中国銀行、中国建設銀行、中国工商銀行の三大銀行は、国からの大規模な資金投入を受け、大量の不良債権を処理し、財務の構造改革を行っていることを報告された。それに関連して当時進められていたコーポレート・ガバナンスの特徴を三点上げられた。第一が、株式制の導入と株式会社の設立でそこでは、取締役会、監査役会、執行役の設置とそれぞれの責任を明確にして株主の利益を最大限確保しなければならない。この改革モデルは中国銀行と中国建設銀行の二行で、二〇〇四年に株式会社になり中国建設銀行は既に海外で上場しているが、中国銀行も二〇〇六年上半期に上場予定である。中国工商銀行の株式制度改革も二〇〇五年四月から加速しつつあり、一〇月二八日に株式会社中国工商銀行を設立する予定である。第二が戦略投資家の勧誘である。これは海外の有力銀行を戦略投資家として勧誘することで資金の増加と経営管理の向上を目的としたもので中国銀行と中国建設銀行の二行についての状況を説明するとともに、中国工商銀行では、ゴールドマンサックスグループ、アメリカンエクスプレス、ドイツのアリアンツ保険を戦略投資家として勧誘し成功した。第三に銀行内部のガバナンスとしてリスク管理、資本管理等を進め、大量の金融リスク管理情報などを公開している。その上で、将来像として株式市場の多元化に対応しリスク管理システムの構築などによって国際的な銀行として発展できる基礎作りが必要だと報告された。

国家が不良債権をどのように処理したのかは明らかではなかったが、中国工商銀行が一〇月二八日に株式会社に転換する日程を明らかにされた上、戦略投資家の内容も示された。

中国において銀行のコーポレート・ガバナンスとは銀行の不良債権処理と近代化に対応する経営の近代化のことであった。どのように不良債権の処理をしたかの手法には触れることはなく質問をしてもはぐらかされた感じであった。しかし、中国工商銀行にとってこの時点での課題はどう処理したかではなく、処理した後の近代化に向けて如何に株式会社への転換を遂げ、如何に国際市場で上場するかであった。

この次の国際シンポジウムで来熊された詹氏は中国株式上場に言及された。この情報の確認に地元新聞は相当の時間をかけた。中国の最新の情報を熊本で確認するためには中国工商銀行の東京支店に問い合わせる以外にないが、東京支店がこの種の情報の確認を容易に認めるわけがなく、新聞にどう掲載するか、坂本は詹氏と連絡を取りながら、詹氏の情報は彼女の立場上極めて確度は高いし、彼女も掲載を容認していると記者の説得に努めた。実に興味深い体験であった。

⑻　金融政策とバブルの抑制

学術交流の最後の課題はバブル抑制問題であった。最初に取り組もうとしたテーマへの回帰であった。

これまでのバブル経済の経験から、金融政策として一番の難問は資産価格騰貴を金融政策によって抑制できるのかということである。

本学の学術交流の国際シンポジウムにおいて、坂本はバブル抑制のためには中央銀行が物価一般を対象にした金融政策ではなく、資産価格の上昇をピンポイントで抑制する必要を提唱してきた。中国工商銀行都市金融研究所はバブル研究の成果として人民銀行が資産価格を金融政策の対象にする提案をしたと報告がされている。金融政策がピンポイントで資産価格の上昇を抑制した成功例はないが、中国もバブル抑制と住宅価格の上昇を抑制する政策に取り組んできた。

バブルという市場危機を中国が金融政策で抑制できるのか、これはかつてない試みである。中国の社会主義的市場経済の金融政策が資本主義市場経済の金融政策手法を有効に活用できるのか。これは市場経済発展を国家＝政府の制度設計通りに抑制できるのか、という市場管理問題で、金融当局の規制はこうした資産価格の上昇を抑制することにあった。

ところが、市場経済の進展はこうした政府のバブル抑制策に銀行が連携するのではなく、金融当局の規制回避を促進させ、シャドーバンキングの発展を通じて資産価格の上昇と銀行の不良債権化のリスクを惹き起こしたのである。この点で政府による資産価格上昇への抑制策は効果を上げることができていないのである。こうして、シャドーバンキングが市場破綻と銀行の不良債権化が懸念されている重大問題として浮上してきた。現在、中国はシャドーバンキングが、第二の銀行の不良債権問題となるのか。それとも政府による規制が功を奏するのかの岐路に立っている。

## ⑼　国家市場経済下での国際化戦略と銀聯カードの元の国際化問題

現在中国は経済減速下での潜在的な市場危機が課題であるが、他方で留意すべきは世界経済での経済台頭を示すために中国政府が国家戦略として強力に打ち出している元の国際化である。

学術交流では初期段階から国際通貨論は深町郁彌、平岡賢司の両教授によって熱心に議論されてきたが、当時はまだそれに付随してアジアでの円の国際化が話題になる時代で、国際通貨論は深町教授のドル本位制についても、平岡教授の両大戦間期のポンドとドル問題についても現実の政策課題に結び付くには程遠いテーマであった。それよりも坂本がアジアでは円の国際化より華僑経済圏を持つ元の国際化の方が実現性は高いと言うと、大騒ぎでそれをめぐって談笑しあう雰囲気であった。国際通貨としての元の国際化は銀行制度の近代化が政策目標であった当時の中国ではまだ主たるテーマではなかった。しかし今やそれが国際通貨レベルで国際政治のテーマへと急浮上してきた。

ここで中国が国際戦略として掲げる政治性の強い国際通貨としての元の国際化を論じる余裕はないが、学術交流のテーマに付随しながら論じることが少なかった元の国際化の現実的な展開とその戦略的意義に触れておきたい。

国際政治の通貨外交で国際通貨としての元の国際化が大きなトピックスとなってきたが、実はその背後で、元の国際化はこれまでの介入通貨や取引の媒介通貨を軸とする国際通貨論のレベルとは別次元で国際的な消費＝小口分野で確実に展開されてきた。それは銀聯カードの国際的な普及である。銀聯カードの展開は銀行の近代化と表裏一体をなすもので学術交流の過程で銀行の近代化を補完する重要性は認識していたが、その時点ではまだその後の国際的な展開を見通せてはいなかった。

中国の銀行制度の近代化を阻む障壁は全国規模での決済システムの未成熟さであったが、それを克服するために銀行間の決済を運営する中国銀聯を人民銀行主導で設立し、デビッドカードによる決済網の普及を図り、そのネットワークを世界規模へと展開し、その世界戦略を銀聯国際が担っている。この後発の銀聯カードは、大手クレジットカードが占有してきた世界規模での小口消費のカード分野にデビットカードとして参入し近年の急成長によって、この小口消費分野での元の国際化を急激に進めているとみるべきであろう。これは今までの国際通貨論では想定していなかった問題で中国の銀行制度の近代化と国際化に緊密に結びついた金融革新であり、小口＝消費分野での無現金化システムの推進という信用分野での金融革新の推進軸ともなっている。中国の国家＝政府による社会主義的市場経済の制度設計は、銀行主導の債券市場を活用した市場経済化というこれまでとは異質な市場化だけでなく、銀聯カードによる無現金化と小口消費分野での元の国際化といったこれまで想定していなかった資本主義市場経済の発展とは異なる要因で市場経済力を強化している。市場経済という共通性と同質性を強めながらその発展について国家市場経済は中国にはより適合的であることから市場経済化が国際市場競争を強め、国家＝政府の管理下での市場経済プログラムが急激な市場化要求に直面して弾力的に対応できるのか、その実験的な試みの推移を見極める必要があるであろう。

## 第四節　アメリカの国家市場経済とＦＤＩＣの金融包摂

中国工商銀行の株式会社への転換と上場という大きな転換と発展期に共同研究ができたことは有意義であったし、現代金融恐慌と国家市場経済という時代認識はこの学術交流を通じて形成され、アメリカの金融革新と金融革新の破綻としての金融恐慌という時代区分の連続性の中に金融制度の発展と展開を捉えるという構想もこの学術交流の成果であった。その成果のまとめとして、この時代区分の歴史認識と通説とは異なる新たな時代認識に基づいて現代市場危機問題の構造を指摘することにしたい。

### (1)　三つのシャドーバンキングと消費者保護＝救済問題

二〇世紀初頭アメリカの金融革新は、信託会社の商業銀行化として現れ、信託会社と商業銀行の競争がアメリカの新たな金融制度の発展を引き起こし、一九一三年の連邦準備法制定を契機に銀行に信託の兼業化が開始され、信託会社の銀行化は商業銀行に銀行部と信託部が生まれる金融革新を生み出すことになった。信託会社の商業銀行化は準備率規制の低い信託会社が競争上優位に立ちこのシャドーバンキングが金融革新を牽引したのである。そして巨大信託会社の破綻が一九〇七年金融恐慌の引き金となったが、その後の中央銀行形成論の政策論争で信託会社の金融制度への編入が課題となることで金融制度発展の内発的な推進力が生み出されるのである。つまり、金融革新とその破綻としての金融恐慌がその事後処理を通じて新たな金融制度の展開を生むというサイクルがアメリカの金融制度展開の特徴であった。しかし、この時金融破綻による預金者保護＝救済を求める草の根のポピュリズム的政策課題は政策の焦点とはならなかった。中央銀行による金融制度の安定化が銀行破綻を予防することで預金者保護＝救済問題は国家レベルの制度設計を必要とする政策課題とはみなされなかったからであった。

この預金者保護＝救済の国家レベルでの制度設計がなされるのが一九三三年銀行法（グラス＝スティーガル法）においてであったが、そこでの救済の仕組みは破綻銀行の資産の迅速な清算という清算業務を基礎に預金保険を行うというもので、清算と預金保険が基本業務であった。これはグラスの連邦清算公社条項を活かすことでスティーガルの預金保証＝保険を制度化するというグラスとスティーガルの政治的妥協で成立したグラス＝スティーガル法であったが、この預金者救済システムによって現代の預金者保護＝救済が網羅されたわけではなかった。金融革新が新たな預金者保護＝救済の制度化を必要とし、金融恐慌が新たな預金者保護＝救済政策を必要とするという預金者の保護＝救済のサイクルが金融制度の発展と近代化の課題なのである。

信託会社型金融革新はもう一度現代金融革新として再現される。短期金融市場を中核とする現代金融革新はＳ＆Ｌの銀行への同質化現象によって銀行と非銀行金融機関との競争を激化し、他方で銀行と証券との競争によって市場競争型の金融革新が展開された。ここで強調されたのが零細預金者など小口預金者への金利自由化の保証で、Ｓ＆Ｌの銀行への同質化競争が金利自由化の市場展開を促進させることになった。このＳ＆Ｌによる銀行同質化競争が信託会社型金融革新であり現代版シャドーバンキングであった。しかし、問題はここで新たな消費者保護＝救済の課題が現れたことであった。銀行が預金者に対して口座維持などに受益者負担を求め口座維持手数料を課したことから口座を開設できない層が大量に生まれ社会問題化することになった。S＆L型金融革新というシャドーバンキングは金融制度の発展過程で口座開設ができない人々の救済を求めるライフラインバンキング問題を内包することになった。そしてS＆L金融危機と破綻に伴う市場型救済としてRTC型救済が行われ、ニューディール期の国家市場経済を象徴するRFC型救済システムに代わる市場型救済システムの有効性が強調されることになった。こうして金融機関救済も消費者救済も市場型救済へとシフトし、二〇世紀末の消費者保護＝救済プログラムはこの方針で進められることになった。市場型の金融社会政策である。しかし、RTC型救済プログラムには限界があり、一九九四年ごろには正規の金融システムから排除されたサブプライム層への救済策が不十分なままサブプライム市場が自生的に展開され、小口の住宅金融分野で支払い不能層への過度な信用供与と証券化手法が適用され市場型の消費の証券化が進展した。第三の本来のシャドーバンキングはこのサブプライム金融の市場危機を内包した形で膨張し、その破綻の結果市場型のRTCでは対応できず、膨大な事後的な破綻処理をRFC型の公的資金投入システムで遂行することになった。国家市場経済への移行である。

このように、アメリカのシャドーバンキングが牽引した三つの金融革新はアメリカの金融破綻と再生のターニングポイントとなっているが、同時に消費者保護＝救済問題を提起するものであった。これは金融排除された層を内包することで金融制度は発展するもので、その救済制度の構築が金融制度システムの展開を保証するものだからである。この消費者保護＝救済の課題は解決されなければ市場危機の遠因どころか危機誘発の内発要因となるものである。この市場危機内発要因を測る指標はないが、サブプライム市場を証券化市場から切り離すだけでは危機要因を取り除いたとは言えない。国家市場経済の市場再生は銀行制度の再生と金融機関の再建を目的にするだけでは不十分なのである。

国家市場経済の源流であるニューディール期の金融制度構築の意義、とりわけ金融排除を制度として包括しようとしたＦＤＩＣ設立の社会的意義はこれが議会主導でなされただけになおのことその観点からも再検討されるべきであろう。

## ⑵　ＦＤＩＣと金融包摂の市場再生─国家市場経済の市場再生と預金者の保護＝救済の意義

金融革新は影の部分として金融排除された層をいかに救済＝保護するかの問題を生み出した。ライフライン問題、ベーシックバンキング問題と呼ばれる社会問題となったが、連邦議会の金融制度改革の対極にはこの金融排除の救済＝保護問題が位置し、金融革新の革推進派と反対派の議論がなされてきた。金融革新と金融排除問題は高金利下で金融自由化の対極で、預金者への受益者負担による口座維持手数料が支払えないために口座を持てない人たち（unbanked）を生み出した。高金利下での預金者へのマイナス金利による金融排除が現代アメリカの預金者の保護＝救済の課題となった。Ｓ＆Ｌの金融危機による金融破綻にはＳ＆Ｌ対応の貯蓄金融機関向け連邦保険公社（ＦＳＬＩＣ）が経営破綻してＦＤＩＣに統合され、不良債権処理はＲＴＣ型破綻処理で対応したが、新たに金融排除層としてサブプライム層を生み出した。このサブプライム層を市場化と証券化で金融システムに包摂しようとする政策は市場型の金融社会政策へと展開されたが、この金融排除救済政策はサブプライム危機で解決の道を閉ざされた。国家市場経済での市場再生の鍵は、金融排除された社会層をいかに金融システムに包摂できるかである。

ドッド＝フランク法は金融制度改革法で初めて消費者保護をタイトルに掲げたが、金融排除の包摂化に有効に機能しているかどうかはまだ明らかではない。

金融革新と破綻、そして破綻からの再生が金融制度の発展と展開を生み出してきたが、その二〇世紀最初の金融制度の展開は一九〇七年金融恐慌からの市場再生を目指した一九一三年連邦準備法であった。しかし、そこに銀行破綻からの預金者救済としての預金保証＝保護条項は盛り込まれなかった。中央銀行の設立による金融恐慌回避によって預金者保護＝救済のテーマは解決されて社会政策課題とはならず、銀行制度改革の主要テーマとはならないと考えられたからであった。しかし、その中央銀行制度による金融制度の安定化構想は一九二九年大恐慌によって崩壊した。

ニューディール下で成立する国家市場経済による市場再生のカギを握る社会政策課題が連邦準備法から二〇年を経て成立する連邦預金保険公社（ＦＤＩＣ）であった。では預金者保護＝救済を制度として保証するこのＦＤＩＣの意義はどこにあったのか。その成立過程の特徴を見ておこう。

### (3)　グラスの連邦清算公社とグラス＝スティーガル法としてのＦＤＩＣ

①国家市場経済はニューディール期で成立するが、その制度形成の準備に向けて大きな政策的な役割を果たしたのはフーバー政権の諸政策であった。フーバーの一九三二年銀行法（グラス＝スティーガル法）、ＲＦＣ設立がその代表的なものでそれだけでもフーバーニューディールに該当するといってよいが、ルーズベルトの「銀行の休日」布告もフーバー政権で準備されていたものであった。フーバーは金本位制維持論者であったから一時的にではあれ金本位制停止を意味する全国規模での銀行業務の閉鎖に

は反対で政権幹部のフーバー政権下での「銀行の休日」布告提言にもルーズベルトからの事前の同意が得られないとして実施に踏み切らなかった。この政権幹部との攻防は政権移行直前の一九三三年三月三日深夜から四日にかけて行われた。ここにフーバー政権からルーズベルト政権への政策継承が見て取れるが、それはフーバーの個人的な政治信条とかルーズベルトのニューディール政策への反対という政治意思とは別の国家市場経済への移行準備政策というべきものであった。そしてルーズベルトの国家市場経済はＲＦＣの機能強化と拡大を通じて形成されるが、そこで一九三三年銀行法（グラス＝スティーガル法）が国家市場経済を支える重要な働きをする。現代の銀行制度改革の議論ではグラス＝スティーガル法といえばそれだけでグラスが提起した四つの銀行と証券の分離条項を指すが、この分離条項は一九九九年までの六六年間の銀行と証券の分離という金融制度の枠組みを決めるもので、この制度改革によって銀行業務と証券業務の競争が開始され、証券優位の金融構造の中で金融資本主義的展開が開始されるのである。特に留意すべきことは銀行制度の安定化と信頼回復によって財政支出を支える国債引き受けとしての銀行の役割りによって国家市場経済での市場再生が進展するのである。この市場再生プロセスにおいて銀行制度の再生と市場再生に果たしたグラス＝スティーガル法の意義は大きいのである。

しかし、看過されてきたのはこの銀行制度の安定化に果たしたＦＤＩＣの役割りである。ルーズベルトは「銀行の休日」布告、緊急銀行法と電撃的ともいうべき迅速さで銀行制度への一時的な信頼回復を成功させたが、そのことは逆に国民の間に銀行閉鎖に伴う預金の保証＝保険へのニーズを呼び起こすことになり、政府による預金の保証＝保険に反対するルーズベルトをはじめとする政権幹部の反対にもかかわらず、議会主導で一九三三年銀行法にＦＤＩＣ条項が盛り込まれたのであった。これはグラスとスティーガルの政治的妥協の産物で、政治生活の中で一貫して預金の保証＝保険の思想と現実的な仕組みの在り方に強硬に反対し続けてきたグラスが世論の高まりを受けて急遽預金保証＝保険プランを受け入れたことが決定的であった。その意味でＦＤＩＣはグラス＝スティーガル法と呼ぶにふさわしいが、この制度化によって金融排除される層を銀行制度の枠組みに取り入れて銀行制度の再生を試みたことが極めて重要である。金融排除層への救済という点で広範な保護＝救済を想定したスティーガル構想は、ポピュリズム的社会政策の実現に尽力してきただけあって、ＦＤＩＣを通じて銀行制度の統一を目指すグラスよりも優れていたが、議会での預金者救済＝保護の適用範囲を決める論議は、銀行理論の想定を超えた銀行制度の再生と近代化の方向性を決めるもので、国家市場経済による市場再生の成否を握るものであった。そのうえで一言しておきたい。それは何故ＦＤＩＣがグラス＝スティーガル法なのかという重要な問題についてである。

②ＦＤＩＣ条項はスティーガル法案の預金保証＝保険条項をそのままグラスが受け入れたものではなく、逆にグラス法案を基礎にＦＤＩＣ条項が規定されたということである。その理由はこうである。グラスは預金保証＝保険プランに反対して独自に連邦清算公社条項を提案し、フーバーからの支持も得ていたし、銀行業界からの支持もあり注目を浴びていた。ところがグラスが預金保証＝保険プランを受け入れるにあたって、議会の側での調整案はグラスの連邦清算公社条項を連邦銀行預金保険公社条項へと転換するというものであった。スティーガル法案には公社条項がなく預金保証案に預金保険を含意していたとしても預金保険規定もなかった。しかもスティーガル法案は預金保証プランを体系的に提案したもので、グラス法案にスティーガル法案の骨子を組みなおして盛り込むのは結構困難な作業であった。

時間的制約のもとグラスが妥協する案というのは、グラスが提起した連邦清算公社の条項をそのまま生かし、最後に預金保険業務を付加し、それに合わせてタイトルを連邦清算公社から連邦銀行預金保険公社に変更するというものであった。つまり最終的には連邦預金保険公社のタイトルになるＦＤＩＣ条項の主たる業務は、閉鎖銀行の清算業務でそれに預金保険が付加された業務内容として提起されたのである。このグラス法案規定が法案成立の議会運営上の手続きでスティーガル法案として成立するが、それは実質グラス法案であった。この意味でＦＤＩＣはスティーガルにとっても彼の想定を超えたいわば進化した預金保証＝保険プランの具体案でこれこそグラスとスティーガルによるハイブリッド条項であったのである。

こうしてＦＤＩＣ条項は金融恐慌からの市場再生を目指す議会の意思を反映したグラス＝スティーガル法案として国家市場経済を支える基軸条項となったのである。このように金融制度のネットワークとしてのＦＤＩＣ条項の提起がなされ、一九三五年銀行法での制定を経てＦＤＩＣはニューディールの金融制度改革で最も成功した事例となったが、その意義は金融排除の金融制度の包摂化にあるのでありそれがセーフティーネットとなる根拠であった。しかし、現代の金融革新と金融革新の破綻は新たな金融排除問題を生み、この金融排除の市場化政策の試みとサブプライム問題を経験したが、国家市場経済が有効な金融包摂政策に成功するかどうかはなお未知数である。金融恐慌下で金融排除と包摂化という預金者保護＝救済問題は市場再生のカギであり、国家＝政府がどこまでこの問題に真摯に向き合うかが問われているのである。

アメリカは資本主義市場経済を牽引する国で、その牽引力の源は後進資本主義国としてイギリスをモデルにしながら、一九世紀末の市場構造と産業構造に見られるように中央銀行不在の銀行制度のもと証券市場が肥大化した証券市場優位型の金融構造が特徴で、銀行倒産に対してはポピュリズム的社会政策として草の根の銀行預金保証＝保険への要求があった。アメリカの金融システムはこうした歴史的な特徴と背景のもとで金融制度の不備を補う金融革新と破綻、そしてその破綻からの再生とそれを展開させる金融革新とその破綻というパターンを繰り返しながら金融制度を充実させ、発展させてきた。そしてそれを支える推進力がアメリカ独自の金融市場の発展であった。しかし、この金融制度発展はこうした金融市場優位の推進力とは別に、他面で金融恐慌からの市場再生プログラムとして二度にわたって国家＝政府主導の市場再生を図ってきた。これが大恐慌期の国家市場経済と、リーマンショック期の国家市場経済である。一度目はフーバー（共和党）からルーズベルト（民主党）への政策継承によって、二度目はブッシュ（共和党）からオバマ（民主党）への政策継承によってそれはなされた。トランプにその継承発展の意図は見られないし、逆に金融規制緩和を打ち出している。まだ小規模だが、今後大幅な金融規制緩和に踏み切るかどうかが気がかりな点である。そして何よりも懸念すべき点は今後潜在化している金融排除問題に有効な対策をとることをせず、金融排除層を金融制度内部に包摂するのではなく、排除拡大の政策をとることで、そうなれば金融システムは内部に重大な崩壊要因を抱え込むことになるであろう。

## 第五節　日銀の株式市場・会社支配とヒルファディングの中央銀行支配

二一世紀型国家市場経済の先行モデルになったのが二〇世紀末の日本の銀行への大量の公的資金の投入であった。この公的資金投入の契機となったのが銀行の不良債権に起因する金融危機であった。二一世紀に入ってアメリカを中心に住宅バブルの景気上昇期に日本は国家市場経済のもとでデフレ脱却に向けた銀行制度の構造改革に取り組むことになった。この世界的潮流に大きく遅れたデフレ期に日本はリーマンショックに直面したのでサブプライム金融危機からの打撃は深刻ではなかったが、デフレ脱却に向けた苦闘は続くことになった。安倍政権下でのアベノミクスと黒田金融政策は金融・財政政策の連動による二パーセントの物価上昇率目標を掲げ、長期金利のコントロール、ゼロ金利、マイナス金利と日本の金融政策での未知の領域に突入した。財政規律を喪失した国債の大量発行を日銀が市場から買い上げる事実上の国債引き受けと、株式購入で日銀経営は本来の業務とは異質な危機状態に追い込まれ、異次元の金融緩和政策は異次元の日銀危機を引き起こしている。この金融政策で銀行は国債保有機関へと変質し従来のビジネスモデルでは収益を上げることが困難になり銀行危機要因を蓄積しつつある。出口戦略で利上げが始まれば国債価格が下落するというジレンマ状況でアメリカ、ＥＵ諸国の利上げマインドに日本だけが出遅れ世界経済での利子率同調化への変調をきたしている。

国家市場経済下での日本のデフレ脱却の金融政策はやらないよりはやったほうがいい方式の大胆なチャレンジだが、成果に乏しくむしろ市場危機を累積させてきた。しかし、市場危機を認識する指標はなく、未知の領域での日銀の経営危機やメガバンクの経営危機という市場危機の進展は金融危機として発現するまで続くことになろう。金融政策を測定評価することは可能だが、市場機能を歪めいびつな市場構造への変質を危機要因として測定するモデルは不在だからである。というのもどんなにいびつで市場の範囲が限定されることになってもその範囲で市場機能は作用しているため、とりあえず政策効果が出ているかどうかの測定結果に関心が集中するが、その市場構造の変質が市場危機につながるかどうかについて指標化とモデル化についてまでは議論が及ばないためである。

しかし、現在の市場危機問題は従来の市場とは大きく変質した構造変化にあるので、従来の市場というモデルを基準にその乖離の意味するものは何かを検討すべきなのである。その典型が日銀による金融市場支配で、それは日銀が市場での買い手として参加することで、従来の市場参加者による取引を通じた市場機能が喪失していることである。これはすでに十分に認識されていることだが、これこそが国家市場経済下での市場再生が失敗していることを意味するもので、日銀の異次元の金融政策は金融市場の再生に寄与するものではなく、結果として日銀そのものが市場での大きなプレーヤーとして参加することで市場機能を大きく歪め金融市場を支配する側へと大きく機能変化を遂げたのである。

これはかつてヒルファディングが『金融資本論』で提起した金融資本の頂点に位置する中央銀行という中央銀行像を想起させるものである。銀行が産業を支配するという独占期のドイツ型の銀行が証券業務を兼営する兼営銀行の産業への関与と影響力の強さを強調したヒルファディングのモデルは、銀行が産業への固定資本信用供与や発行業務で創業者利得を取得できる銀行優位の信用・株式市場の構造が銀行と産業の緊密化傾向のもとで銀行が産業に強い影響力と支配力を及ぼすことになるということを理論化したもので、銀行の産業への支配化傾向が産業部門での独占化過程でもイニシアティブを握り、独占企業に対して経営内容についても経営参加制度のもとで強い発言権を持つことでこれを銀行による産業支配と規定したのである。

ヒルファディングはこのように銀行と産業の緊密化傾向を兼営銀行の形成過程の信用制度論として構成するとともに、独占形成に対しても兼営銀行の積極的な介入的役割を強調することで産業独占と銀行独占の緊密化を論理的に展開することを通じて新たな金融と産業の関係について緊密化を貫く貨幣の産業への優位性、銀行の産業への優位性、兼営銀行の産業への優位性という支配の論理で再構成し、独占形成を契機に兼営銀行と産業の緊密化について独占を基礎にした兼営銀行による産業支配と規定した。

このように、ヒルファディングは銀行と産業の緊密化傾向を銀行の産業支配の支配論で定式化したが、信用論、株式会社論は原理論的に展開しているので、彼の議論の結節環的な意味を持つ株式会社論は企業の資本結合の視点からの支配集中論としてではなく、経営と所有の分離を前提に株式市場の分析を起点に市場論として展開している。それに続く証券取引所、商品取引所の取引所論で先物取引を詳述して時間軸を拡大し信用ファクターに時間と距離を架橋する市場の広がりと厚みを射程に入れることでこうした市場の拡大が兼営銀行の業務と深くかかわっていることを示唆した、つまり彼の支配論は金融資本と金融市場の枠組みを基礎に展開されたものであった。これは現代の金融資本とは異質な形で金融市場優位の構造を展開・拡大させる金融資本主義の展開についてもその分析・評価の基準に据えるべき論点といえよう。

この枠組みでヒルファディングの兼営銀行による金融市場支配を考察すると、これは明らかに当時のドイツで顕著であった兼営銀行による証券取引所の取り込み化の現実に基礎を置いたものであった。兼営銀行の証券取引所の取り込み化で証券取引所の取引決済が銀行内部で決済されることから、兼営銀行による証券市場支配の観点が強調され、この観点から兼営銀行による発行業務も兼営銀行が流通市場の安定化を通じて発行利得である創業者利得を安定的に取得することができ、これを産業支配の資金源泉と位置づけたのである。

彼はこの支配論で固定資本信用を供与するとその企業形態を株式会社に組織替えさせ、固定資本信用額を出資に転換して発行業務で貸付額を早期に回収するとともに、創業者利得をも取得するという金融市場的利得獲得メカニズムを提起しさらにこの創業者利得を固定資本信用の源泉にするという産業支配の複合的な構造を強調した。こうして貸付を出資に転換して回収するという現代の金融革新手法はすでにヒルファディングによって提起されており、『金融資本論』は金融革新と金融資本という観点で再評価されるべきで、支配論の基礎にある金融資本と金融市場の観点からも再評価されるべきものである。

しかし、彼は他方でこの金融資本分析において非現実的でいわば観念的とでもいうべき金融資本の究極形態を提起した。それは銀行独占の合一性傾向が示す中央銀行を頂点とする金融支配構造であった。しかし彼が想定した金融資本の到達形態は明確な論拠なき規定で単に論理的に析出されたものにすぎず、現実分析に有用なツールとかモデルに妥当するものとはみなされてこなかった。そもそも中央銀行は物価の安定を目標に銀行や市場に対して金融政策を行うもので、支配の論理とは全く異質な立場にあることは明らかであったからであった。そのためにヒルファディングの金融資本規定は銀行による産業支配と規定されてきた。ところが、ヒルファディングのこの無概念的な中央銀行支配が現代の日本で蘇ることになった。国家市場経済下で市場再生ではなく中央銀行の産業支配が現実のものとなりヒルファディングですら想定しなかった支配構造が生まれたからであった。

日銀は現在株式所有の形式上では上場企業の多くの大企業の大株主で、中央銀行による産業支配の形式が成立している。これはヒルファディングの金融資本規定でさえ、抽象的、論理的に想定されていたに過ぎない中央銀行支配規定が、日銀の金融政策を通じて実現していることを意味するものである。このことは産業支配というヒルファディングの支配論とは対極にあり、市場の発展を基軸にした金融資本主義という金融市場優位構造を強調した理論系譜にあって日銀の異次元の金融政策がヒルファディングの中央銀行支配の現実化への道を開くことになった歴史の皮肉に注意を払うべきであろう。これは国家市場経済下での中央銀行制度の発展ではなく、金融資本主義の論理系譜はもちろんのこと金融資本の系譜においても想定外の事態で、中央銀行機能のいびつさを示す市場危機の新たなメルクマールとみるべきであろう。

ヒルファディングは銀行の産業の優位性の論拠の一つに利子率の利潤率への優位性を置いていた。それは利潤率の低下傾向に対して利子率の均等化傾向を対置して創業者利得に見られる企業者利得の資本還元は、企業者利得の一括先取りを意味するが、この一括先取りは一定時間を経てみれば企業者利得が利潤率の低下傾向で低下するのに対して資本還元された企業者利得は創業者利得を銀行に預けて利子として取得することで一定額を保証され低下していないから、利子率が利潤率よりも優位にあるという想定を置いたように思われる。しかし、現代の日本ではゼロ金利、マイナス金利時代で預金者にとってのマイナス金利は一部の口座でしか実現していないとはいえ、預金者の預金は保管手数料を支払わない保管業務の位置にあり、かつての利子概念からは収奪に相当する金融機関の資金運用源泉でしかない。このようにヒルファディングの想定から大きく異なる金融市場状況にもかかわらず、中央銀行型金融資本が日本に生まれている異質さが市場再生に何を意味するか、憂慮すべきであろう。

＊所属・肩書きについては当時のものである。

# あとがき

本書の企画は熊本学園大学と中国工商銀行都市金融研究所との学術交流協定締結後の主要テーマである銀行の不良債権処理問題について相互の学術研究をまとめることであった。しかし、初期の学術交流の時代とは大きく金融環境が異なり、中国工商銀行都市金融研究所にとっても新たなテーマが緊急の現実課題となっていた。坂本の熊本学園大学の学長時代（二〇〇二〜二〇一〇年）は中国の銀行改革が急速に進展した時期である。この時期に国家が不良債権処理を進め、国有商業銀行の株式会社への組織転換と上場が遂行された。こうして銀行制度の近代化と国際化が現実のものとなった。そしてこの時期に金融のグローバル化と証券化が進展し、サブプライム金融危機が勃発した。実はこの時期までに限定して共同研究の刊行を企画し中国版を既に刊行したので、本書では収録内容についていくつかの補足が必要であろう。

本書でアメリカのサブプライム金融危機の背景と問題点を多く取り上げたのは、この時期の危機の進行状況を危機の深化とを予測しながら叙述したためである。ここでのテーマは証券化市場崩壊以前の文字通りサブプライム市場が金融危機を孕む過程を考察したものである。ここではこの時点で基礎的な問題把握の視点がこのように提示されたという点を強調しておきたい。ここでテーマをサブプライム市場の消費限界を超えた信用供与という市場危機プロセスに絞ったのは、その後の金融恐慌への展開でそもそもサブプライム金融危機と呼ばれたのはなぜなのか。サブプライム市場の展開と金融危機とはどのような関係があり、サブプライム市場での略奪金融と消費者保護問題は金融危機といかなる関係にあったのか、という問題は考慮外になっているように思われるからである。アメリカの金融制度改革は消費者保護問題との対抗関係で進展してきた。この金融改革と金融排除の視点はサブプライム問題においても重要であり、金融危機はサブプライム市場での金融機関の返済不能な低所得者への過剰融資とその破綻に根源を置くものだからである。その限定された信用のいわば限界市場での破綻が金融危機の原因となるのは、現代の金融改革の推進軸である金融の証券化によってサブプライム市場が連携され、株式と住宅のブームに牽引されてサブプライム金融の支払い不能の危機要因が証券化市場に内包されることになったからである。この点が関連づけられなければ現代金融恐慌の分析は十分なものとは言えないであろう。また、この証券化市場の展開はシャドーバンキングという新しい概念を生み出したが、サブプライム問題の観点が希薄であればこのシャドーバンキングそのものの把握にも課題を残すことになろう。

また国家市場経済はその後の展開で市場再生の新たな時代を切り開くのではなく、新たな市場危機を累積している危惧が強くなった。そこで第八章でこの市場危機要因の累積を現代の金融危機の予兆として改めて整理した。ここで取り上げた市場危機要因の特徴は国家市場経済下で生まれた新たな金融支配であり、サブプライム問題を引き起こした金融排除構造である。これらの問題を金融制度論の歴史的視点から再検討したのは、こうすることで市場危機を構造的に把握し市場再生に向けた方向性を探ることができると考えるからである。

ここで特にニューディール期の国家市場経済の形成に関して三つの新たな視点から考察した。

### (1) 「銀行の休日」布告の継承性

ルーズベルトの「銀行の休日」布告はすでにフーバー政権が準備していたことから、「銀行の休日」布告はフーバー政権からルーズベルト政権への政策継承であり、フーバー政権での準備はフーバー政権ニューディールとでもいうべきものであった。

(2)　グラス＝スティーガル法としてのＦＤＩＣ

一九三三年銀行法でのＦＤＩＣ規定は、グラス法案の連邦清算公社条項を基礎に預金保険を付加した法案の構成になっていて、このグラス法案でのＦＤＩＣ規定がスティーガル法案（実質グラス法案）として最終的にＦＤＩＣ規定になったことから、ＦＤＩＣ規定こそがグラスとスティーガルの政治的妥協を反映した文字通りのグラス＝スティーガル法であった。

(3)　ＦＤＩＣと金融排除の包摂

ニューディール国家市場経済の意義は、ＦＤＩＣによって金融恐慌で金融排除される中小の零細な預金者層を保護＝救済し、金融システム内に包摂して市場再生を試みたことである。

これらの新しい視点からの現代の金融支配の問題と金融排除の問題を提起し、金融支配についてはヒルファディングの古典的な金融資本規定との比較検討においても検討すべき新たな課題があり、特に日本の中央銀行型金融資本での市場支配と市場機能の歪みに市場危機要因があることに注意を喚起した、

最後に我々の関心は中国のコングロマリット型金融支配において国家＝政府の管理統制が市場化の展開に伴ってどこまで市場からの要請にこたえることができるか、である。それは経済成長の減速に伴って潜在的に累積されている市場危機要因を顕在化させるのか、それとも抑制できるのか。国家市場経済下で管理＝統制が果たしてどこまで市場化と市場再生に有効かを問う壮大な実験である。

国家市場経済が市場再生を銀行制度の再建や金融政策に局限して、市場機能の機能回復や金融排除の包摂などの課題に広範囲な市場再生を実現できなければ、国家＝政府は市場危機を累積させ、金融危機によって更なる公的資金を必要とする財政危機を誘発することになろう。国家＝政府が市場危機をいかに回避できるか、有効な戦略を持てるのか、今その岐路に立っている。

# 注

## 第2章

1 “Senator wants subprime answers, warns on alt-A <washingtonpost.com> Tuesday, March 20, 2007”.

2 新形敦「サブプライム融資の延滞率上昇と住宅市場の動向」『世界週報』二〇〇七年三月二七日、五六―五七頁。

3 新央誠一「危うい融資が急拡大する仕組み、投げ売りでプライム市場に影響も」『金融ビジネス』Spring 二〇〇七（2007, 5, 5）二四頁。

4 FRB:Speech, Bernanke, The Subprime Mortgage Market—May 17, 2007, http://www.Federalreserve.gov/newsevents/speech/bernanke20070517a.htm.

5 Fed chair takes a go-slow stance on subprime-May 17, 2007. http://money.cnn.com/2007/05/17/real_estate/Bernanke_on_subprime/?postversion=2....

6 FRB: Speech, Chairman Bernanke on the housing market and subprime lending June 5, 2007 http://www.federalreserve.gov/newsevents/ speech/bernanke20070605a.htm.

7 Testimony of the American Banking Association, *Secondary Mortgage Market Enhancement Act of 1983.* Hearings before the Subcommittee on Housing and Urban Affairs of the Committee on Banking, Housing, and Urban Affairs. United States Senate September 21 and 22, 1983.

8 国際金融情報センターレポート、『欧米における金融の証券化について』（一九八六年一二月）一三九、一四九、二二八頁。

9 井村進哉「アメリカにおける住宅金融市場の証券化の歴史と現状（上――歴史編）」*Housing Finance*, 2007/spring, p.61, 62, 63.

10 Edward M. Gramlich, *Subprime Mortgages: America's Latest Boom and Bust*, The Urban Institute Press, 2007, p.35.

11 *Ibid.*, p.4.

12 *Ibid.*, p.5.

13 *Ibid.*, p.22.

14 FRB: Speech, Gramlich-Subprime Mortgage Lending. http://www.federalreserve.gov/ boarddocs/Speeches/2004/20040521/default.htm.

15 「『サブプライム』で市場動揺」『日本経済新聞』二〇〇七年七月三一日。

16 「金融が立ちすくむ理由（けいざい解読）」『日本経済新聞』二〇〇七年八月一九日。

17 「大機小機」『日本経済新聞』二〇〇七年九月二七日。

18 Carl J. Palash and Robert B. Stoddard, ARMs: "Their Financing Rate and Impact on Housing", *Quarterly Review*, Federal Reserve Bank of New York, Autumn 1985, Vol.10, No.3.

19 John Ryding, "Housing Finance and the Transmission of Monetary Policy, *Quarterly Review*", Federal Reserve Bank of New York, Summer 1990 Vol.15, No.2.

20 フランク・J・ファボツィ編著『証券化の戦略と実務』（*The Handbook of Mortgage-Backed Securities*, 1985）東洋経済新報社、一九八七年、五四、五七、六六、七一頁。

21 フランク・J・ファボツィ編著／日本債券信用銀行セキュリタイゼーション研究会訳『証券化（セキュリタイゼーション）の戦略と実務モーゲージ—証券の発行と運用』東洋経済新報社、四四一頁。

23 同上。

24 "Remarks by Secretary", Henry M. Paulson, Jr, on Current Housing and Mortgage Market Developments Georgetown University Law Center, October 16, 2007〔HP-612〕.

25 http://www.treas.gov/press/releases/hp612.htm. "Bush Offers Relief for Some on Home Loans", *The New York Times*, August 31, 2007.

26 "Bush Plans a Limited Intervention on Mortgage", *The New York Times*, September1, 2007.

第3章

1 Gramlich, *Subprime Mortgage*,（2007）p.29.

2 拙稿〔坂本正〕「ファースト・アカウントと金融的社会政策」（『商経論叢』〔神奈川大学〕第三八巻第三号、二〇〇三年三月号）一頁。

3 同上二頁。

4 同上五頁。

5 同上七頁。

6 同上八頁。

7 高月昭年「略奪的貸出と利用者保護策（上）（下）」『国際金融』一一二六号（16.6.1）、一一二八号（16.7.1）；高月（上）、一二頁。

8 同上。
9 同上。挿入
10 同上一三頁。
11 同上一四頁。
12 同上。
13 同上一五頁。
14 同上。
15 同上。
16 同上。
17 同上。
18 同上一六頁。
19 前掲（下）四二頁。
20 同上。
21 同上。
22 同上四三頁。
23 同上四四頁。
24 同上四四、四六頁。
25 福光寛「アメリカの住宅金融をめぐる新たな視点――証券化の進展の中でのサブプライム層に対する略奪的貸付」（『経済研究』成城大学第一七〇号二〇〇五年九月）六六、六七、六八、七一、七二、七三、七四、七五、七九頁。
26 新央（『金融ビジネス』spring, 2007. 5. 1）二二一―二二三頁。
27 同上。
28 同上二三頁。
29 同上。
30 同上。
31 同上二二頁。
32 同上二四頁。
33 同上。
34 James T. Campten, *The Struggle for Community Investment in Boston, 1989-1991.* Gregory D. Squires (ed), *From Redlining to Reinvestment: Community Responses to Urban Disinvestment*, Temple University Press, 1992, pp.59-62.
35 *Equity Predatory: Stripping, Flipping and Packing Their Way to Profits*, Hearings before Special Committee on Aging, United States Senate, March16, 1998, 上院「エクイティ略奪」公聴会（1998, 3, 16）。
36 Statement of Senator John Breaux, Ranking Member, 上院「エクイティ略奪」公聴会（1998, 3, 16）。
37 Testimony of Professor Gene A. Marsh, 上院「エクイティ略奪」公聴会（1998, 3, 16）。
38 Statement of William J. Brennan, Jr. 上院「エクイティ略奪」公聴会（1998, 3, 16）。
39 Statement of Peter R. Orszag, *Turbulence in Mortgage*

*Markets: Implications for Economy and Policy Options*「経済危機合同公聴会」(2007, 9, 19)。

40 Peggy Twohig: Prepared Statement of the Federal Trade Commission before the Board of Governors of the Federal Reserve System on Predatory Lending Practices in the Home-Equity Lending Market September7, 2000. http://www.ftc.gov/os/2000/09/predatorylending.htm.

41 Keith Ernst, John Farris & Eric Stein, "North Carolina's Subprime Home Loan Market After Predatory Lending Reform", *A Report from the Center for Responsible Lending*, August 13, 2002.

42 Roberto G. Quercia, and Walter R. Davis, "Assessing the Impact of North Carolina's Predatory Lending Law", *Housing Policy Debate Volume15, Issue3*, FANNIE MAE FOUNDATION 2004.

43 Protecting Homeowners preventing abusive lending while preserving access to credit joint hearing before the Subcommittee on Financial Institutions and Consumer Credit and the Subcommittee on Housing and Community Opportunity of the Committee on Financial Services, U.S. House of Representatives, One Hundred Eighth Congress, first session, November 5, 2003, 下院「住宅所有者保護」合同公聴会(2003, 11, 5)。

44 Remarks of Treasury Secretary Lawrence H.Summers To the Consumer Bankers Association, May 8, 2000 (LS-609) http://www.treas.gov/press/releases/ls609.htm.

45 Consumer Bankers Association, news release, May 8, 2000.

46 Treasury Assistant Secretary Sheila Bain, "Mortgage Reform and Predatory Lending: Addressing the Challenger", November 8, 2001(PO-772). http://www.treas.gov/press/releases/po772.htm.

47 PO-2086: Assistant Secretary Bair-Remarks on Predatory Lending.http://www.treas.gov/press/releases/po2086.htm.

48 Edward Gramlich;Fed Official Predicted Mortgage Crisis- *The Boston Globe*. http://www.boston.com/news/globe/obituaries/articles/2007/09/10/edward_gramlich_fed_official_predicted_mortgage_crisis/.

49 "Did Greenspan Add to Subprime Woes? ", *The Wall Street Journal*. http://online.wsj.com/article/SB118134111823129555.html.

50 Greenspan Reject Proposal to Tighten. Subprime Lending-Jun 9, 2007. http://money.cnn.com/2007/06/09/news/economy/Greenspan_subprime/?postversion=……

51 Chapter 5, From Fair Access to Credit to Access to Fair Credit, Dan Immergluck, *Credit to the Community: Community Reinvestment and Fair Lending Policy in the United States*, M. E. Sharpe, 2004.（pp.109-132）pp.109, 110, 120, 121, 125, 132.

52 Predatory Mortgage Lending: The Problem, Impact and Responses, Hearings before the U.S. Senate Committee on Banking, Housing, and Urban Affairs. Thursday, July 26, 2001, 上院「略奪的モーゲージ貸付」公聴会（2001, 7, 26）。

53 Testimony of Mr.Martin Eakes, President and CED. Self-Help Credit Union, 上院「略奪的モーゲージ貸付」公聴会（2001, 7, 26）。

54 Testimony of Mr. Wade Henderson. Executive Director,Leadership Conference on Civil Rights, 上院「略奪的モーゲージ貸付」公聴会（2001, 7, 27）。

55 Predatory Mortgage Lending: Abusive Uses & Yield Spread Premiums. Hearing Befor the Committee on Banking, Housing, and Urban Affairs. United States Senate 107th Congress, January 8, 2002.

56 *Consumer Protection: Federal and State Agencies Face Challenges in Combating Predatory Lending.*
GAD. Report to the Chairman and Banking Minority Member, Special Committee on Aging, U.S. Senate, January 2004〔GAD-04-280〕「消費者保護」GAD〔2004, 1〕p.25,26,76,80.

57 *The Responsible Lending Act*（H.R, 833. Feb. 13, 2003）; The Predatory Lending Consumer Protection Act of 2003（S. 1928, Nov. 21, 2003）.

58 Prepared Testimony of Martin Eakes, CEO, Self-Help and the Center for Responsible Lending. Subcommittee on Financial Institutions and Consumer Credit Subcommittee on Housing and Community Opportunity Joint Hearing Entitled, “Legislative Solutions to Abusive Mortgage Lending Practices”, May 24, 2005.

第4章

1 US banks announce plans for credit-crunch fund UPDATE-*Forbes*. http://www.forbes.com/afxnewslimited/feeds/afx/2007/10/15/afx4219766.html.

2 “U.S. Government, Banks Near a Plan to Freeze Subprime Rates”, *Wall Street Journal*, November 30th, 2007.

3 “Some Inevestors Fault Plan to Aid Home Borrowers”,

*The Wall Street Journal*, December 1, 2007, Page A1.

4 Remarks by Secretary Paulson on Actions Taken and Actions Needen in U.S. Mortgage Markets at the Office of Thrift Supervision National Housing Forum HP-706 December 3, 2007. http://www.treas.gov/press/releases/hp706.html.

5 "Bush and mortgage industry work out plan to help subprime loan-holders", *International Herald Tribune*. http://www.iht.com/articles/2007/12/06/business/mortgage.php? WT.mc_id=rssfrontpage.

6 "Bush Announces Mortgage Agreement", *New York Times*, 2007, 12, 6. http://www.nytimes.com/2007/12/06/washington/06cnd-debt.html?ex.

7 「『サブプライム』にまた動揺」『日本経済新聞』二〇〇七年一〇月一九日。

8 Possible Responses to Rising Mortgage Foreclosures Hearing, before the Committee on Financial Services U.S. House of Reprensentatives. April 17, 2007, 下院「モーゲージ差し押さえ」公聴会（2007, 4, 17）。

9 Statement of Sheila C. Bain, Chairman. Federal Deposit Insurance Corporation, 下院「モーゲージ差し押さえ」公聴会（2007, 4, 17）。

10 Statement of Brian D. Montgomery. Assistant Secretary for Housing — Federal Housing Commission, 下院「モーゲージ差し押さえ」公聴会（2007, 4, 17）。

11 Statement of George P.Miller. Executive Director. American Securitization Forum, 下院「モーゲージ差し押さえ」公聴会（2007, 4, 17）。

12 The Role of the Secondary Market in Subprime Mortgage Lending, before House Financial Services Subcommittee on Financial Institutions United States House of Representatives, May8, 2007, 下院「サブプライム公聴会」（2007, 5, 8）。

13 Testimony of Michael D. Calhoun Center for Responsible Lending, 下院「サブプライム公聴会」（2007, 5, 8）。

14 Testimony of Michael D. Calhoun, Center for Responsible Lending, 下院「サブプライム第二市場」公聴会（2007, 5, 8）。

15 Statement of Howard F. Mulligan, Partner, McDermott Will & Emey, 下院「サブプライム公聴会」（2007, 5, 8）。

16 Statement of John M. Robbins, CNB Chairman of the Mortgage Bankers Association, Washington, D.C. before the Subcommittee on Housing, Transportation, and Community Development United States Senate Hearing on "Ending Mortgage Abuse:Safeguarding Homebuyers",

June 26, 2007.

17 Recent Events in the Credit and Mortgage Markets and Possible Implication for U.S. Consumers and Global Economy. House Committee on Financial Services, September 5, 2007.「消費者とグローバル経済」公聴会（2007, 9, 5)′ Testimony of John C. Dugan.

18 "Evolution of an Economic Crisis?: The Subprime Lending Disaster and the Treat to the Broader Economy", Hearings, before the Joint Economic Committee. U.S. Congress, September 19, 2007, 経済合同委員会「経済危機」公聴会（2007, 9, 12)。

19 Schumer's Joint Economic Committee Investigates Threat of Subprime Lending Turmoil to the Broader Economy.

20 CBO（Congressional Budget office）Testimony. Statement of Peter R. Orszag. Director. "Turbulence in Mortgage Markets: *Implications for the Economy and Policy Options*", 経済合同委員会「経済危機」公聴会（2007, 9, 12)。

21 Press Release For Immediate Release:September18, 2007 "House Passes Comprehensive FHA Reform". http://www.house.gov/apps/list/press/financialsvcs_dem/press0918072.shtml.

22 "Evolution of an Economic Crisis?: The Subprime Lending Disaster and the Threat to the Broader Economy", Watch the Hearing before Joint Economic Committee U.S. Congress Joint Economic Committee Wednesday September 19th, 2007,「経済危機」合同公聴会（2007, 9, 19)。

23 Statement of Peter R. Orszag Director Turbulence in Mortgage Markets: Implications for Economy and Policy Options,「経済危機」合同公聴会（2007, 9, 19)。

24 Testimony of Treasury Secretary Henry M. Paulson, Jr., Before the House Committee on Financial Services On the Legislative and Regulatory Options For Minimizing and Mitigating Mortgage Foreclosures September 20, 2007 HP-565. http://www.ustreas.gov/press/releases/hp565.htm.

25 Press Release from Congresswoman Maxine Waters. http://www.house.gov/apps/list/press/ca35_waters/PR070329_fha.html.

26 Press Release from Congresswoman Maxine Waters. http://www.house.gov/apps/list/press/ca35_waters/PR070507_fharefore.html.

27 House considers bill expanding government backing of mortgage loans-Forbes.com.

http://www.forbes.com/afxnewslimited/feeds/afx/2007/09/18/afx4129217.html.

28 "House Passes Historic Mortgage Reform Legislation", Press Release For Immediate Release: November 15, 2007. http://www.house.gov/apps/list /press/financialsvcs_dem/press1115072.shtml.

## 第5章

この文章は『二一世紀世界経済報道』二〇〇八年一一月一四日号に発表された。

## 第6章

この文章は二〇〇九年六月二三日の対外経済貿易大学大学院生のための講演原稿である。

【著者紹介】

坂本 正（さかもとただし）

1948年生。九州大学大学院経済学研究科博士課程単位取得退学。博士（経済学）の学位取得。2002年から2010年まで熊本学園大学学長。商学部教授。日本金融学会・理事、常任理事、中国金融学会交流担当特命理事を歴任。専門は金融制度論。著書に『経済学の地下水脈』共著、2012年、晃洋書房)、『金融革新の源流』（単著、1997年、文眞堂)、など。現在、熊本学園大学名誉教授、シニア客員教授。

詹 向阳（せんこうよう）

1954年生。中国社会科学院および厦門大学を卒業。 現在、中国金融学会副秘書長。中国国務院政府特殊職務手当享受者。

2004年に学術交流協定を締結した当時、中国工商銀行都市金融研究所の所長を務める。このほか、中国都市金融学会秘書長、中国工商銀行ポスト・ドクター・ステーション事務局長、ポスト・ドクター指導教授、清華五道口金融大学院、対外経済貿易大学、上海交通大学、山東大学の客員教授を歴任。

著書に『走向商业银行』『企事业金融活动指南』『银行业务实务手册』『中国房地产经营管理大全』など。この他経済金融論文も多数発表している。

サブプライム金融危機と国家市場経済

---

2020年4月15日　初版第1刷発行

編集　坂本 正・詹 向阳

発行者　上野教信

発行所　蒼天社出版（株式会社　蒼天社）

101-0051 東京都千代田区神田神保町 3-25-11

電話 03-6272-5911　FAX03-6272-5912

郵便為替 00100-3-628586

印刷・製本所　シナノ・パブリッシング

---



ISBN 978-4-909560-32-2 Printed in Japan